Clélia Pagani de Souza
Marinês Battisti

Conhecendo Jesus

Coleção
Caminhando com Deus

Coleção CAMINHANDO COM DEUS
IMPRIMATUR
Concedido em 18/11/2011

Dom Anuar Battisti
Arcebispo de Maringá

Ensino Fundamental
Volume 4

É terminantemente proibido reproduzir este livro total ou parcialmente por qualquer meio químico, mecânico ou outro sistema, seja qual for a sua natureza. Todo o desenho gráfico foi criado exclusivamente para este livro, ficando proibida a reprodução do mesmo, ainda que seja mencionada sua procedência.

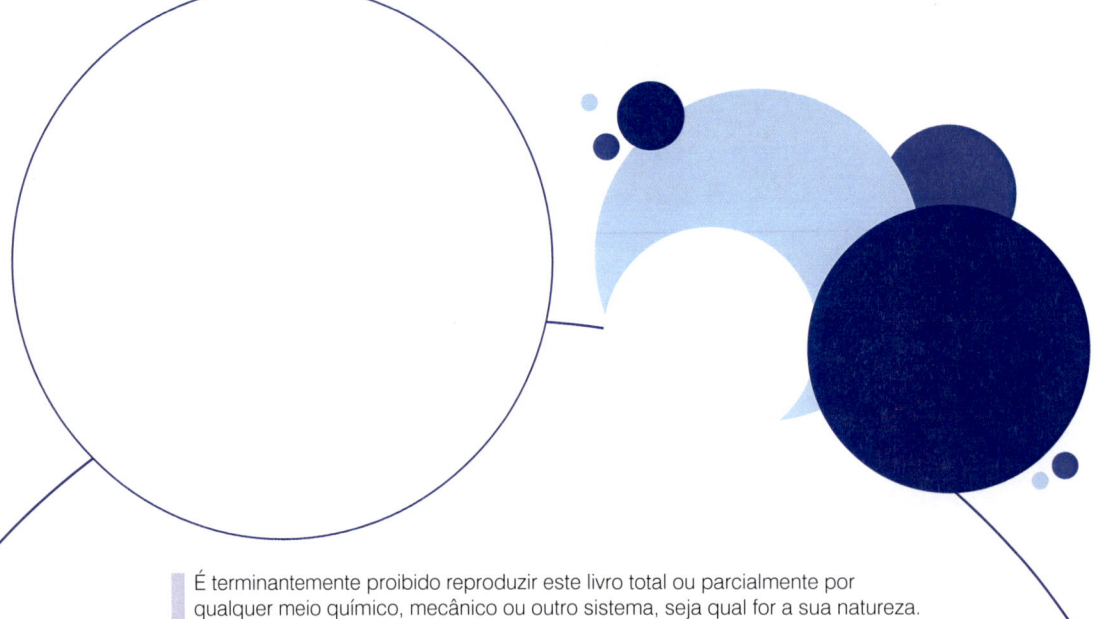

Dados para catalogação
Bibliotecária responsável: Luciane Magalhães Melo Novinski
CRB 1253/9 – Curitiba, PR.

Souza, Clélia Pagani de

Caminhando com Deus: conhecendo Jesus, volume 4 / Clélia Pagani de Souza, Marinês Battisti; ilustrações Fabz – Curitiba : Base Editorial, 2011.
144p. : il. ; 28 cm – (Coleção Caminhando com Deus; v.4)

ISBN: 978-85-7905-878-3

1. Ensino religioso – Estudo e ensino. 2. Ensino Fundamental. I. Battisti, Marinês. II. Título. III. Série.

CDD (20ª ed.) 268

© 2011 – Base Editorial Ltda.

Coordenação editorial Jorge Martins
Coordenação pedagógica Eloiza Jaguelte Silva
Projeto gráfico e capa Cide Gomes
Diagramação Flávia Vianna de Souza
Ilustrações Fabz
Revisão Lucy Myrian Chá
Iconografia Osmarina F. Tosta e Ellen Carneiro
Finalização Solange Freitas de Melo

BASE EDITORIAL
Base Editorial Ltda.
Rua Antônio Martin de Araújo, 343 – Jardim Botânico
CEP 80210-050 – Curitiba/PR
Tel.: 41 3264-4114 – Fax: 41 3264-8471
baseeditora@baseeditora.com.br – www.baseeditora.com.br

Os outros livros da Bíblia foram escritos pelas primeiras pessoas que acreditaram em Jesus, os primeiros cristãos.

Eles contam tudo sobre a vida de Jesus, desde o seu nascimento até a sua morte e ressurreição, bem como seus ensinamentos.

São os livros do NOVO TESTAMENTO (N.T.)

Você sabe o que quer dizer TESTAMENTO?

Procure o significado desta palavra no dicionário e escreva aqui.

TESTAMENTO:

_____
_____
_____
_____
_____
_____
_____
_____

No sentido bíblico, TESTAMENTO significa: pacto, aliança, compromisso. Toda a Bíblia trata da aliança feita por Deus no ANTIGO TESTAMENTO com seu povo escolhido e no NOVO TESTAMENTO, com toda a humanidade, através de Jesus.

Você sabe qual era esta aliança de Deus com seu povo?

> O povo prometeu viver de acordo com os mandamentos de Deus e Ele enviaria ao mundo seu filho Jesus para salvar a humanidade.

A Bíblia nos ajuda a falar com Deus e a conhecer seus ensinamentos de amor, partilha e fraternidade.

A sua família costuma rezar e refletir com a Bíblia? Como isto acontece?

_____
_____
_____
_____

A palavra de Deus é luz para nosso caminho.

Escreva algumas atitudes que devem ter as pessoas que leem e refletem sobre a palavra de Deus.

_____
_____
_____
_____

Procure no diagrama o que Jesus quer nos ensinar através da Bíblia.

A	M	O	R	W	Z	M	Z	W	B	G	M
W	V	E	R	D	A	D	E	G	W	B	G
F	R	A	T	E	R	N	I	D	A	D	E
B	W	X	J	U	S	T	I	Ç	A	W	Z
W	A	L	E	G	R	I	A	C	M	B	M
P	A	Z	G	B	M	C	Z	W	G	J	B
B	C	D	I	Á	L	O	G	O	C	J	Z

Com a ajuda da Bíblia, complete a cruzadinha.

1) Nome dado aos livros escritos antes de Jesus Cristo.
2) Nome do primeiro livro do Antigo Testamento.
3) Personagem principal de toda a Bíblia.
4) Nome dado aos livros escritos após o nascimento de Jesus Cristo.
5) Um dos significados da palavra TESTAMENTO.
6 - 7 - 8 - 9) Nome dos quatro evangelistas do NOVO TESTAMENTO.
10) Maior mandamento da Bíblia.

Com tantos livros num só, como vou encontrar o que quero na Bíblia?

É fácil!
- Primeiro, você procura o livro.
- Depois, o número do capítulo.
- E, finalmente, o número do versículo.

Cada livro está dividido em capítulos, e cada capítulo está dividido em versículos.

O número maior é o capítulo e o menor é o versículo.

Veja este exemplo: Lc. 10, 2-3
Livro: Evangelho de Lucas
Capítulo: 10
Versículos: 2 e 3

10 ² Grande é a Messe, mas poucos são os operários. Rogai ao Senhor da Messe que envie operários para sua Messe.
³ Ide; eis que vos envio como ovelhas no meio de lobos.

Agora é a sua vez de procurar.

Reúna-se com mais três colegas e encontrem a mensagem.

Evangelho de Lucas (Lc. 11, 1)

Livro do Êxodo (Ex. 20, 12)

Livro dos Salmos (Sal. 106, 1-2)

Livro dos Atos dos Apóstolos (At. 2, 42)

Procure em Lc. 6, 12-16 e encontre o nome dos 12 apóstolos. Eles estão escondidos no diagrama a seguir.

A	B	C	D	E	P	E	D	R	O	F	G	H	I	G	K	L
M	N	A	O	P	Q	T	I	A	G	O	R	S	T	U	V	X
Z	A	N	B	C	D	O	E	F	G	G	I	T	I	A	G	O
J	U	D	A	S	F	M	A	T	E	U	S	A	B	C	D	E
A	B	R	C	D	E	É	F	G	H	F	I	L	I	P	E	I
A	W	É	U	B	A	R	T	O	L	O	M	E	U	A	B	C
Z	X	Z	B	C	D	E	F	G	H	I	Ã	G	H	I	J	K
A	B	C	D	E	F	G	H	I	W	J	O	Ã	O	U	X	Z
L	J	U	D	A	S	*	E	S	C	A	R	I	O	T	E	S

_____

_____

Ela trará paz e fé para dentro da sua casa.

Experimente ler a Bíblia com sua família todas as noites antes de dormir.

FELIZ AQUELE QUE SE ALEGRA NO SENHOR E MEDITA SUA LEI DIA E NOITE. (SL. 1, 3)

2ª REFLEXÃO

A PROMESSA DO SALVADOR

Como vimos na reflexão anterior, a Bíblia é a carta do amor de Deus para a humanidade.

Ela fala de um povo que Deus escolheu para uma missão especial; era chamado de: POVO DE ISRAEL, POVO DE DEUS, POVO ESCOLHIDO, POVO HEBREU.

Mesmo não cumprindo os mandamentos como havia prometido, este povo nunca deixou de ser amado por Deus. Por isso Ele cumpriu sua promessa, mandando seu filho Jesus para salvar a humanidade de seus pecados.

Os profetas sempre animavam o povo, transmitindo a esperança e a fé. Muitos séculos antes, eles anunciaram o nascimento de Jesus e a nova aliança que Deus faria com seu povo.

O profeta Isaías anunciou:

> Nascerá um menino
> e vida nova trará, será uma luz
> para todos os povos;
> como filho tão esperado dará nova
> alegria ao povo de Deus.
> Ele vem trazer a PAZ, o PERDÃO
> e a JUSTIÇA.
> Ele vem mostrar que o amor é possível.
> Ele vem ensinar como fazer deste mundo
> um lugar no qual todos podem viver.
> **DEUS ENVIARÁ SEU FILHO AO
> MUNDO – JESUS,
> O SALVADOR!**
> (Is. 9, 1-6)

Mesmo com tudo o que os profetas anunciaram, muitos esperavam um rei que os viesse libertar do domínio romano. Queriam que o Messias fosse alguém que expulsasse os invasores de sua pátria. Assim sendo, quando Deus enviou seu filho Jesus ao mundo, Ele não foi bem recebido, pois o reino que veio anunciar não era político como seu povo queria, mas era um reino de PAZ, FRATERNIDADE, SINCERIDADE, FELICIDADE, JUSTIÇA, AMOR, SOLIDARIEDADE, ESPERANÇA, ALEGRIA.

Pinte as placas que mostram a forma como Deus esperava que o povo se preparasse para receber Jesus.

| VIVENDO A PARTILHA. | ENGANANDO AS PESSOAS. | SABENDO PERDOAR. | RESPEITANDO A TODOS. |

Coloque os valores do Reino de Jesus na cruzadinha a seguir.

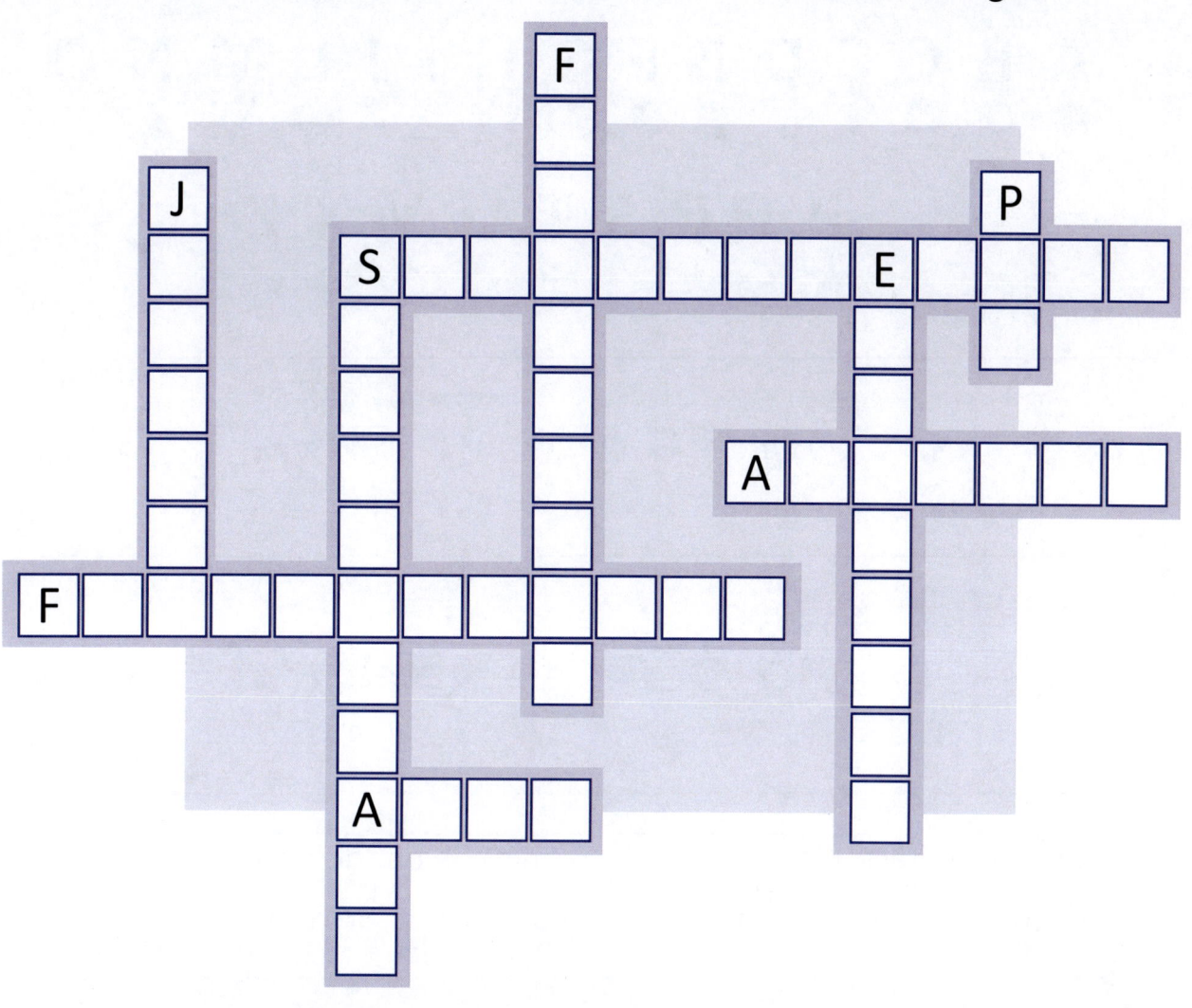

Deus se fez gente como nós para ajudar o mundo a viver de forma mais humana e solidária.

O que você está fazendo para colaborar com o Projeto de Deus?

Descubra a mensagem trocando os símbolos por letras.

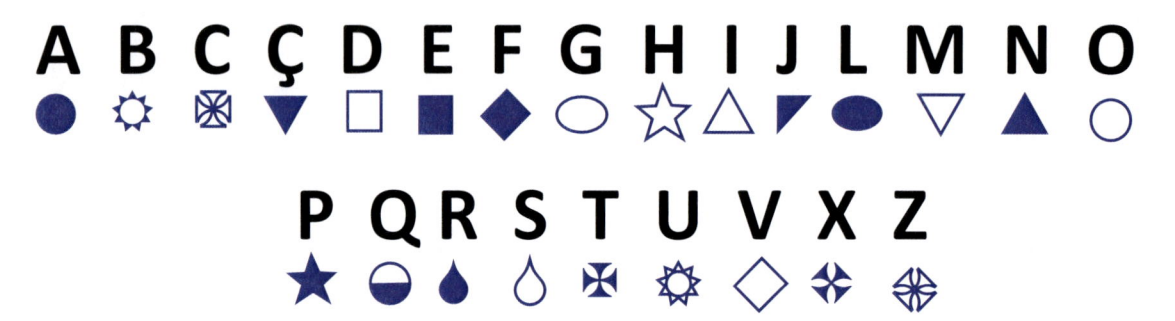

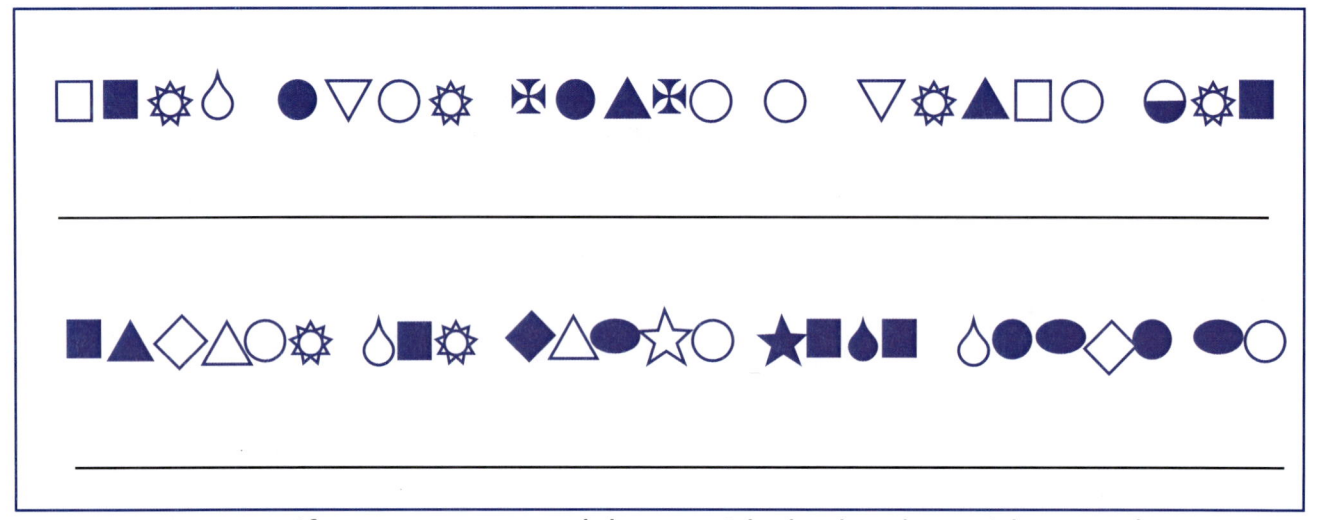

A B C Ç D E F G H I J L M N O

P Q R S T U V X Z

DEUS ENVIOU JESUS O NOSSO SALVADOR

Jesus manifestou seu amor à humanidade dando a vida por ela.
O que você faz para manifestar seu amor ao próximo?

OBRIGADO, SENHOR, POR TER ENVIADO SEU ÚNICO FILHO PARA NOS LIBERTAR DE TODO MAL, E ENSINAR UMA FORMA NOVA DE VIVER ESTE PROJETO DE VIDA!

3ª REFLEXÃO

ANUNCIAÇÃO E NASCIMENTO DE JESUS

**O SIM de Maria foi um ato de amor.
Através dela Jesus veio ao mundo.**

Deus escolheu Maria para ser a Mãe de Jesus. Ela era uma jovem de Nazaré, simples, de muita oração e coragem, porque vivia os mandamentos de Deus.

Maria era noiva de um rapaz chamado José. Certo dia, ela estava rezando quando um anjo a saudou.

— "Alegra-te, cheia de graça, o senhor está contigo".

(Lc. 1,28)

Ela preocupou-se com aquelas palavras e ficou pensando o que aquilo significava.

E o anjo continuou: (Lc. 1, 30-33)

"Não tenhas medo Maria!

Encontraste graças diante de Deus. Conceberás e darás a luz à um filho e lhe darás o nome de JESUS.

Ele será grande; será chamado FILHO DO ALTÍSSIMO".

Maria, que sempre procurou fazer a vontade de Deus, respondeu: (Lc. 1, 38).

"Eis aqui a serva do Senhor!

Faça-se em mim segundo a Tua palavra".

Escolha as respostas corretas e escreva nos pergaminhos abaixo.

Maria foi escolhida para ser a mãe de Jesus porque ela era:

**BONDOSA   HUMILDE   VAIDOSA   BONITA
REBELDE   SIMPLES   CARIDOSA   PIEDOSA**

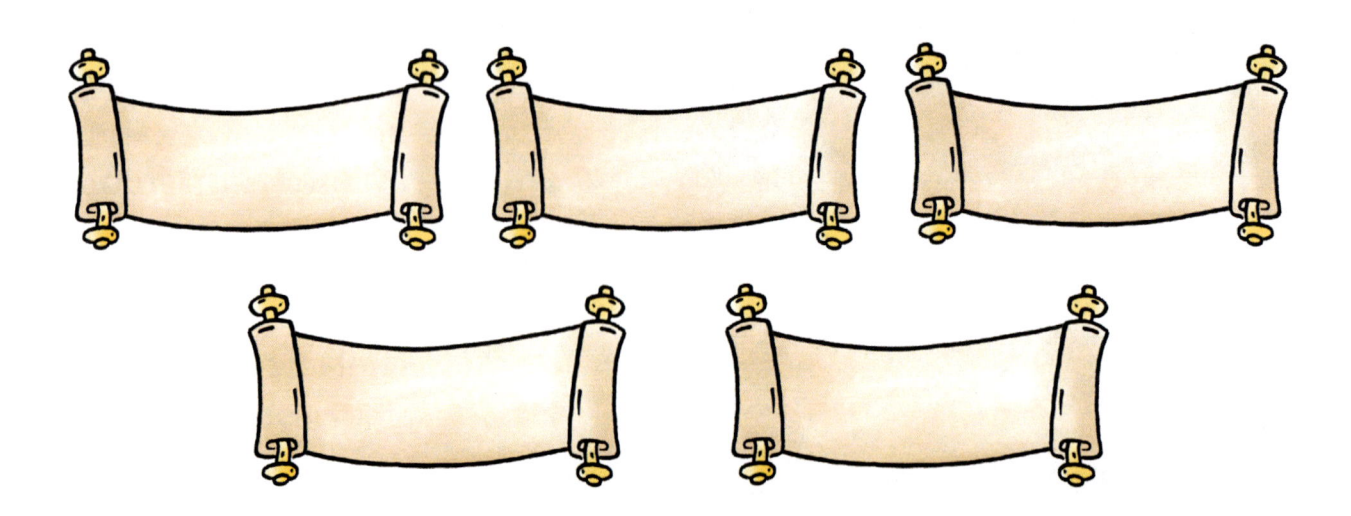

O Evangelho de Lucas conta que Maria estava nas vésperas de dar à luz ao menino Jesus, quando soube que teria que viajar para um lugar distante a fim de fazer o recenseamento.

Todas as pessoas eram obrigadas a se registrar nas cidades de suas origens. A cidade de origem de Maria e José era Belém.

Chegando lá, eles não encontraram mais lugar para se hospedar na cidade, por isso foram passar a noite num abrigo para animais. Foi ali que Jesus nasceu, num lugar simples e pobre, dando-nos a primeira lição de humildade.

Jesus, nascendo numa gruta onde viviam os animais, representa todas as crianças que, como ele, não tiveram o direito de nascer num ambiente digno de um ser humano.

Muitas famílias, hoje, não têm uma casa para abrigar seus filhos, não têm terra para plantar seu alimento e nem roupas para vestir suas crianças.

LIPPI, Filippo. **A Adoração do Menino Jesus**. 1459. Óleo sobre madeira, 129,5 cm x 118,5 cm. Berlin Staatliche Museen Preussischer, Berlim (Alemanha).

Por que a desigualdade ainda acontece, após tanto tempo dos ensinamentos de Jesus?

Você sabe de que forma o nascimento de Jesus foi anunciado para as pessoas?

O Evangelho de Lucas conta que, nos arredores, viviam alguns pastores que vigiavam seus rebanhos nos campos.

Um anjo do Senhor apareceu para eles e disse: (Lc. 2, 10-12).

Leia e copie.

___

Assim, os pastores foram contando uns para os outros e a notícia espalhou-se. Depois, eles mesmos foram até Belém para adorar Jesus.

Leia Lc. 2,14 e escreva o que os anjos cantaram para anunciar o nascimento de Jesus.

Se você tivesse que anunciar o nascimento de Jesus hoje, de que maneira você faria? Expresse por meio de desenhos e palavras.

Sugestão de leitura

A ESTRELA E O DEUS-MENINO

Elias José

Editora FTD

4ª REFLEXÃO

A INFÂNCIA DE JESUS

Quarenta dias depois do nascimento de Jesus, seus pais se dirigiram a Jerusalém, levando consigo o Menino.

Ele ia ser consagrado ao Senhor, de acordo com a lei hebraica.

No templo estava o velho Simeão, homem bom e piedoso, a quem o Espírito Santo revelara que não morreria antes de ver o Messias. Ele tomou o Menino nos braços e ergueu a Deus um hino de agradecimento:

"Agora, Senhor, deixa partir em paz o teu servo, porque os meus olhos viram o teu Salvador, a luz que ilumina as gentes, e a glória do povo de Israel".

(Lc. 2, 29-32)

Rembrandt. **Apresentação de Jesus no Templo**. c. 1627-1628. Óleo sobre painel. Kunshalle Hamburger, Hamburgo (Alemanha).

Complete a cruzadinha e descubra o que está escrito na coluna 10.

1 – Mãe de Jesus.

2 – Pai adotivo de Jesus.

3 – Recebeu Jesus no templo.

4 – Como os católicos chamam Maria.

5 – Simeão cantou um ... a Deus.

6 – Simeão tomou o Menino nos... .

7 – Como era chamado o povo de Deus.

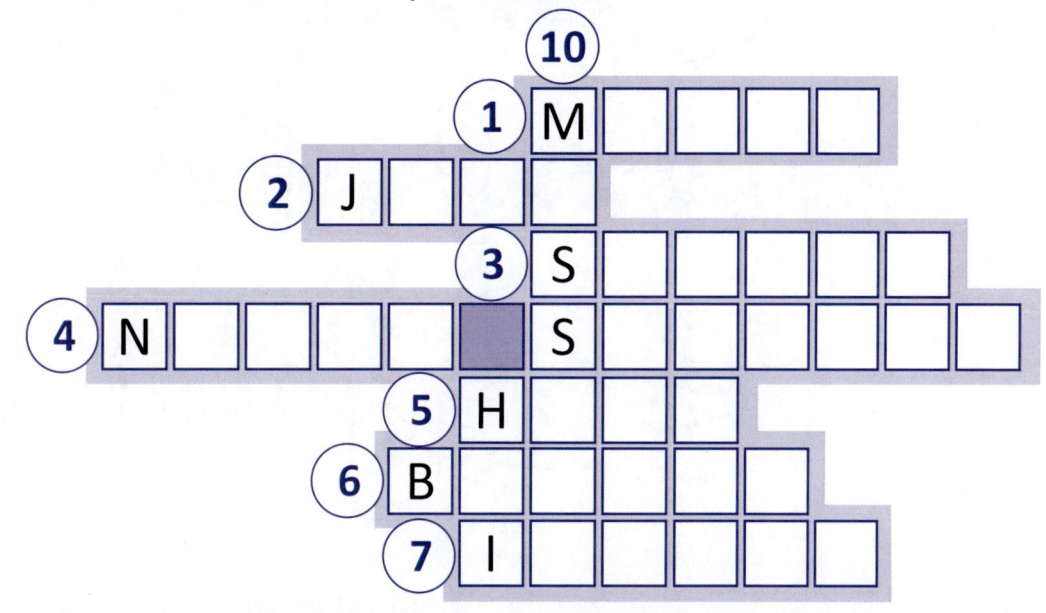

A notícia do nascimento de Jesus se espalhou.

No Oriente, viviam alguns homens sábios, que estudavam os astros.

Eles conheciam uma profecia que anunciava a vinda do Redentor, através da figura de uma estrela.

Quando viram essa estrela, partiram à procura do recém-nascido, o Rei dos Judeus.

Chegaram até Jerusalém, onde Herodes reinava.

Na Cidade Santa, os magos dirigiram-se a Herodes, indagando dele onde teria nascido o Rei dos Judeus.

Herodes consultou os sacerdotes e ficou sabendo que o Messias prometido devia nascer em Belém e, para lá, encaminhou os magos.

Herodes, fingindo interessar-se em adorar o Menino, recomendou aos magos que voltassem a ter com ele para contar-lhe o que tivessem visto, pois ele também queria adorar o Menino.

Assim que saíram da cidade, os magos viram a estrela que ia à sua frente, indicando-lhes o caminho certo.

Assim, chegaram até a gruta, onde estava Jesus.

Os magos entraram e, depois de adorarem o Menino, ofereceram-lhe seus presentes: ouro, incenso e mirra.

Um Anjo os advertiu, em sonhos, que regressassem ao seu país, por outro caminho.

Herodes, com medo de perder o trono e sentindo-se enganado, jurou matar aquele Menino que era uma ameaça ao seu poder.

Lendo o texto, você deve ter percebido que Jesus teve problemas com os governantes da sua época desde pequeno.

Não conseguindo encontrar Jesus, Herodes mandou matar todas as crianças com menos de dois anos de idade, na tentativa de eliminar Jesus.

José e Maria tiveram que fugir para um lugar chamado Egito, para poderem salvar seu filho.

A história dos homens e da ambição pelo poder se repete ainda nos nossos dias.

Vemos com frequência, nos meios de comunicação, fatos que demonstram a luta pelo poder e que resultam em desrespeito pela vida do outro.

São os "Herodes" da nossa sociedade.

Em uma roda de conversa, troque ideias com seus colegas sobre:

• Quem são os "Herodes" de hoje?

• Você conhece algum fato de nossos dias relacionado com a atitude de Herodes?

E nós, o que podemos fazer para sermos diferentes do Herodes do tempo de Jesus e dos "Herodes" dos nossos dias?

_____
_____
_____
_____
_____
_____
_____
_____

O mundo não é só nosso. Temos que dividi-lo com muitas outras pessoas.

Precisamos respeitar o direito do outro de ir e vir. Algumas vezes precisamos exigir, outras vezes precisamos ceder. Isto significa fazer política de forma honesta. Exigir seus direitos e cumprir bem seus deveres, pensar sempre no bem-estar de todos e não somente no bem de alguns.

Há muita gente que se parece com Herodes, trazendo muita maldade no coração.

Pense na atitude de Herodes. Por que será que ele queria que os Reis Magos contassem onde Jesus se encontrava?

_____
_____
_____
_____
_____
_____

O rei Herodes achou que Jesus seria uma ameaça ao seu reino. Por que ele teve essa preocupação?

Você acha que a atitude de Herodes se repete nos dias de hoje? Como?

Na sua opinião, quais as qualidades que um governante deve ter?

Se você fosse escolher um representante da sua turma, quem você escolheria? Por quê?

Imagine que você é um político.

Procure chegar até seu lugar de comando, seguindo as placas que indicam como um bom político deve ser.

- justo
- leal
- bom
- democrático
- violento
- solidário
- verdadeiro
- honesto
- mentiroso
- simples
- autoritário
- ladrão

Faça uma oração pelos seus governantes.

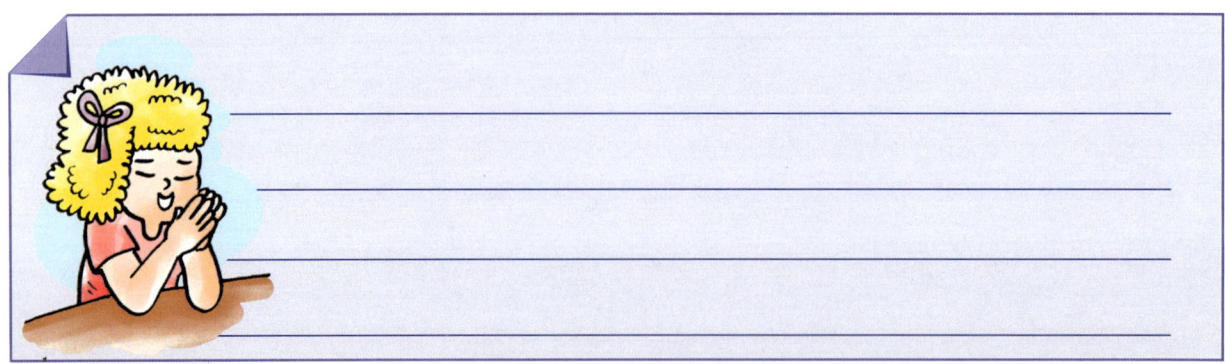

5ª REFLEXÃO

A FAMÍLIA DE NAZARÉ

Os anos passavam felizes na família de Nazaré.

Jesus crescia belo e forte como qualquer menino, sem deixar transparecer, no exterior, a sua divindade.

Ele era submisso a Maria e a José.

Era cheio da sabedoria e da graça de Deus.

MILLAIS, John Everett. **Cristo na casa de seus pais**. 1849. 139,7 cm x 86,4 cm. Tate Gallery, Londres (Inglaterra).

Jesus ajudava a mãe nas lidas domésticas, mostrando-se determinado e obediente.

Aprendia a ler e a escrever e brincava com as outras crianças.

José, que aos olhos dos habitantes de Nazaré era o pai de Jesus, tinha uma oficina de carpintaria e dela tirava o necessário para a manutenção da sua pequena família. Jesus procurava aprender o ofício de carpinteiro, ajudando o pai a trabalhar a madeira.

Nesses trabalhos, Jesus iria passar a maior parte de sua vida: até a idade de trinta anos.

Como todas as crianças da sua idade, Jesus também brincava, estudava e rezava.

Discuta com seus colegas de grupo e escreva: Como um menino e uma menina podem ajudar seus pais em casa?

_____
_____
_____
_____

E você, o que tem feito para contribuir com sua família?

_____
_____
_____
_____

Junte as sílabas do quadro e forme sete palavras que mostram como Jesus era.

O	BON	
DO	BIO	JUS
TO	BE	SO
HU	TRA	A
MI	TE	LHA
DI	MIL	EN
GO	DOR	DE
	BA	SÁ

_____
_____

30

Complete a cruzadinha com palavras que fazem uma família feliz.

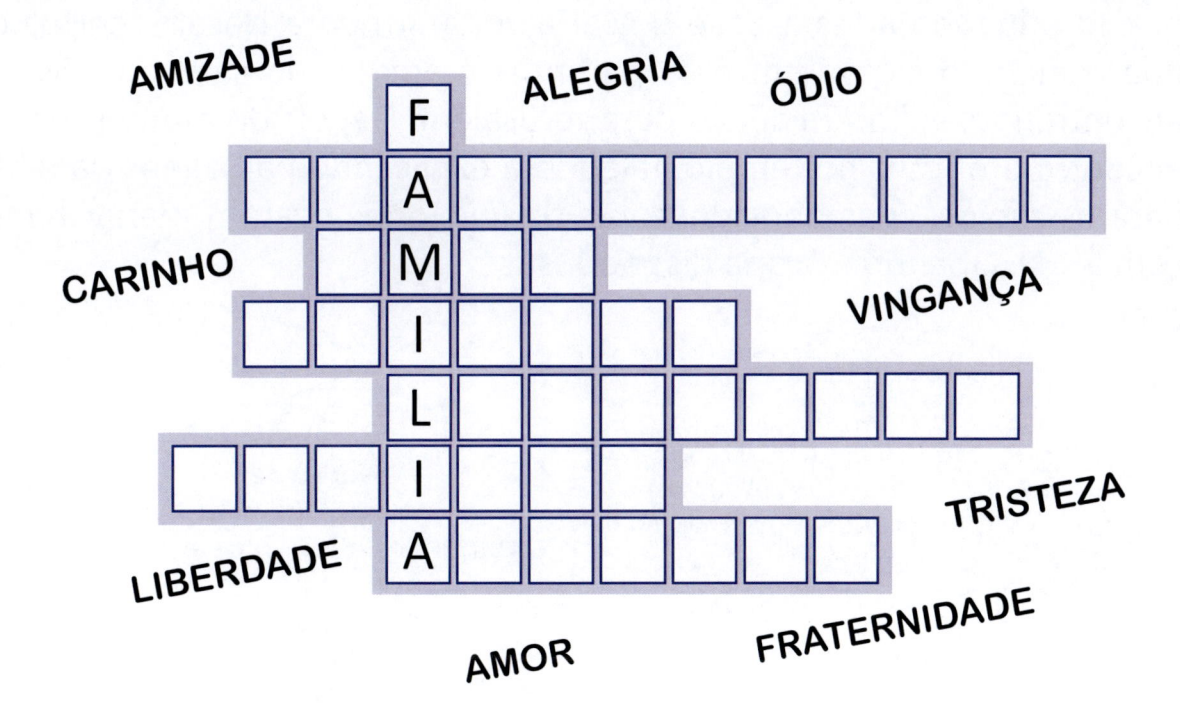

AMIZADE ALEGRIA ÓDIO

CARINHO

VINGANÇA

TRISTEZA

LIBERDADE

AMOR FRATERNIDADE

F
A
M
Í
L
I
A

VIVA EM FESTA COM SUA FAMÍLIA TODOS OS DIAS. DESCUBRA MOTIVOS DE ALEGRIA!

JESUS, TUA FAMÍLIA NOS ENSINA BELAS LIÇÕES. AJUDE-NOS A VIVÊ-LAS.

Quando Jesus completou 12 anos foi com seus pais até Jerusalém, para comemorar a festa da Páscoa dos hebreus.

Terminando a festa, José e Maria voltaram para Nazaré, certos de que o menino estava entre os parentes e amigos da caravana. Não o encontrando, voltaram aflitos para Jerusalém. Depois de muita procura, encontraram Jesus no templo, falando e explicando passagens da Bíblia para os sábios, chamados doutores da lei. Todos ficaram maravilhados com a sua sabedoria. Maria disse a Jesus:

> Meu filho, por que você fez isso? Seu pai e eu estávamos aflitos procurando você.

> Por que me procuravam? Não sabem que tenho de me ocupar com as coisas de meu Pai?

Voltaram então para Nazaré, onde Jesus continuava crescendo em sabedoria, estatura e graça, diante de Deus e dos homens. (Lc. 2, 52)

Jesus continuou sua vida de menino simples e bom, mas preocupado com as coisas de Deus.

Se Jesus fosse realizar hoje um debate com os nossos doutores da lei, que são os governantes, o que você acha que Ele diria?

_____
_____
_____
_____

Procure no diagrama as palavras que completam as frases.

a) Quando Jesus completou 12 anos, foi com seus pais a _____ para comemorar a festa da _____.

b) José e Maria voltaram para _____ e deixaram Jesus em _____.

c) Jesus estava no templo falando com os _____ e os _____.

d) Voltaram então para Nazaré e Jesus crescia em _____, _____ e _____ diante de Deus e dos homens.

e) Jesus continuou sua vida de menino _____ e _____.

f) Jesus estava ocupado com as coisas do _____.

G	J	E	R	U	S	A	L	E	M	H	I	S	L	M	N	O	P
B	E	C	D	E	F	G	H	I	J	L	M	N	O	P	Q	R	S
E	R	F	G	H	I	J	A	B	C	D	E	F	G	H	I	J	L
M	U	N	O	P	Q	R	S	T	U	V	X	Z	A	B	G	C	D
E	S	F	G	H	N	I	J	L	J	M	N	O	P	Q	R	S	T
P	A	S	C	O	A	U	V	X	Z	A	B	C	D	E	A	F	G
H	L	I	J	L	Z	M	N	D	O	P	Q	R	S	T	Ç	U	V
X	E	Z	A	S	A	B	I	O	S	B	C	D	E	F	A	G	H
I	M	J	L	M	R	B	O	U	P	Q	S	I	M	P	L	E	S
R	S	T	U	X	E	V	Z	T	A	B	C	D	E	A	F	G	H
I	J	L	M	N	O	P	Q	O	R	S	T	U	V	I	X	Z	A
B	C	E	S	T	A	T	U	R	A	D	E	F	G	H	I	J	L
M	N	O	P	Q	R	S	T	E	U	V	X	Z	B	A	B	C	D
E	F	G	H	I	J	L	M	S	A	B	E	D	O	R	I	A	G
N	O	P	Q	R	S	T	U	V	X	Z	A	B	M	B	D	E	F

33

Jesus crescia em sabedoria, estatura e graça diante de Deus e dos homens. Ele, como muitas crianças, encontrou uma família que lhe deu condições para que pudesse se desenvolver como pessoa.

Existem crianças, no nosso país e em todo o mundo, que nunca tiveram oportunidades na vida. São crianças pobres que, desde muito pequenas, começam a trabalhar para ajudar no sustento de suas famílias. Crianças cujos pais não estudaram e não acham que seja importante que seus filhos estejam na escola. Às vezes não existe escola na região onde moram, por isso crescem sem estudo e são submetidas desde cedo ao trabalho.

Com a orientação do seu professor, veja no globo ou em um mapa-múndi os países onde a mão-de-obra infantil é explorada e os direitos das crianças não são respeitados.

NA ÁFRICA

NA COSTA RICA

NO BRASIL

NO PARAGUAI

EM HONDURAS

NA TAILÂNDIA

LUGAR DE CRIANÇA É NA ESCOLA.

CRIANÇA PRECISA DE SAÚDE E PROTEÇÃO.

CRIANÇA PRECISA BRINCAR E ESTUDAR.

Aqui estão alguns exemplos de crianças que não têm oportunidades de crescer.

O menino cortador de cana corre o risco de sofrer acidentes com o facão.

Muito cedo esta criança pega na enxada e não tem hora para estudar e muito menos para brincar.

O menino se arrisca no meio do trânsito para vender doces, podendo ser atropelado.

Crianças que trabalham na lavoura podem ficar doentes por causa dos agrotóxicos.

Exposta ao sol e à chuva, a criança carrega peso o dia todo.

Crianças que trabalham, quando deveriam estar na escola, perdem todo seu tempo de infância e não têm possibilidades de lutar por uma vida melhor.

Existe um livro chamado "Serafina e a criança que trabalha", da Editora Ática. Procure ler e você encontrará coisas que certamente nem imagina.

Você já deve ter lido ou visto alguma reportagem sobre este assunto, ou até mesmo já viu crianças em situações de trabalho. Traga para a sala de aula alguma coisa sobre este assunto para colocar em um painel e discutir com seus colegas.

Escreva aqui o que você aprendeu com a 5ª reflexão.

JESUS, AJUDA-NOS A VIVER NOSSA INFÂNCIA COM SABEDORIA.

Sugestão de leitura

SERAFINA E A CRIANÇA QUE TRABALHA
Jô Azevedo, Iolanda Huzak, Cristina Porto
Editora Ática

JESUS NO MEIO DO POVO

1ª REFLEXÃO

JOÃO BATISTA, UM ENVIADO ESPECIAL

Numa aldeia, nas montanhas de Judá, a pouca distância de Jerusalém, vivia Zacarias, sacerdote do templo, com sua esposa Isabel, os quais, pela idade avançada, não podiam ter filhos.

Um dia, enquanto Zacarias rezava no templo, pedindo pela vinda do Messias, um anjo do Senhor apareceu-lhe e assim lhe falou:

"Deus ouviu a tua oração. Terás um filho que chamarás João. Ele preparará o caminho do Messias que há de vir".

Isabel era prima de Maria. As duas estavam esperando bebês. Maria esperava Jesus e Isabel esperava João.

João nasceu primeiro e Maria estava lá para ajudar sua prima Isabel.

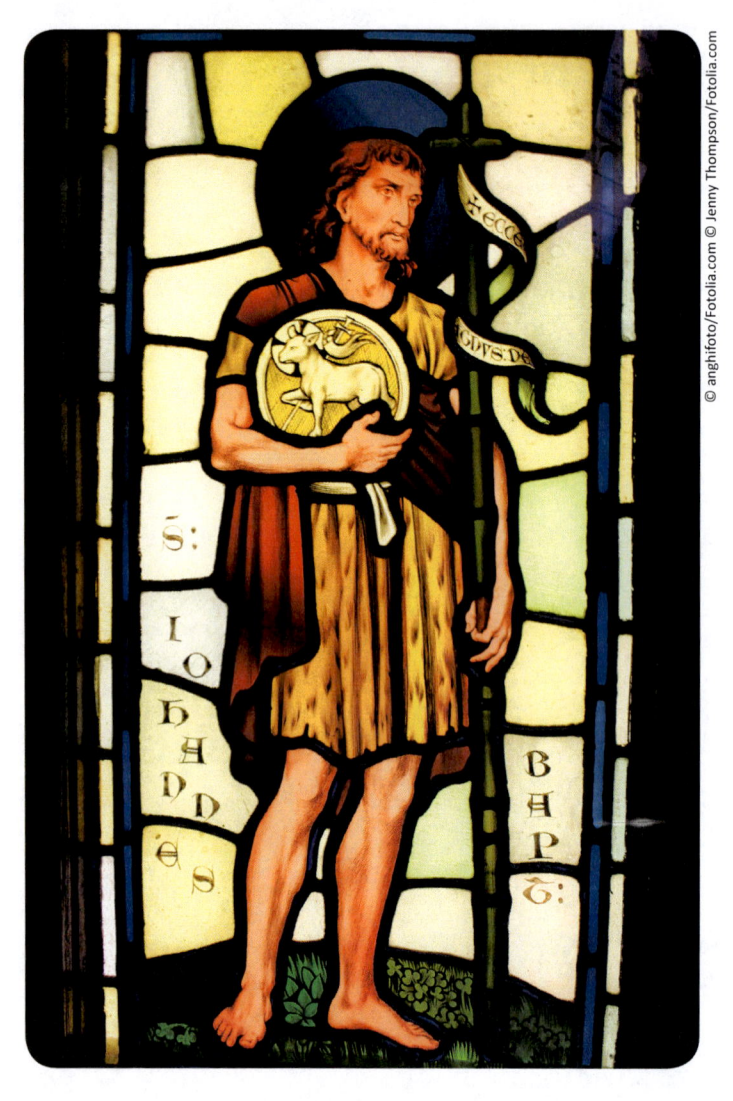

Quando cresceu, João passou a morar no deserto. Rezava bastante e aos poucos foi descobrindo o que Deus queria dele.

Muitas pessoas vinham ao seu encontro e ele anunciava:

"O Reino de Deus está próximo. Preparai os caminhos do Senhor!"

Ele estava anunciando que Deus havia cumprido a sua promessa, pois Jesus já estava no meio deles.

Leia o Evangelho de Marcos, capítulo 1, versículos 7 e 8 e escreva as palavras de João Batista.

O que você acha que João Batista quis dizer com essas palavras?

_____
_____
_____
_____

Complete a cruzadinha e descubra na coluna 1 como se chama aquele que anuncia a mensagem de Deus.

2. João Batista anunciava ao _____ o Reino de Deus.
3. Prima de Isabel e Mãe de Jesus: _____.
4. Filho de Zacarias e Isabel: _____
5. João também era um _____.
6. Pais de João Batista: _____.
7. João também era chamado de _____.
8. Esposa do sacerdote Zacarias: _____.

João batizava as pessoas no Rio Jordão, por isso era chamado de João Batista.

Um dia, quando João estava batizando o povo no Rio Jordão, Jesus apareceu também para ser batizado.

Leia o que João disse sobre Jesus naquele momento e copie (Jo. 1, 29).

_____
_____
_____
_____

João reconheceu em Jesus, o Salvador que Deus havia prometido ao seu povo.

Nós também, como João Batista, podemos anunciar Jesus aos outros. Mas, antes de tudo, é preciso que Ele faça parte da nossa vida.

Como deve ser a atitude de alguém que tem Jesus no seu coração?

Na família:
_____
_____
_____

Na escola:
_____
_____
_____
_____

Na comunidade:
_____
_____
_____
_____

A VOZ DE JOÃO BATISTA

FOI A VOZ DE JOÃO BATISTA,
QUE NO DESERTO CLAMOU.
PREPARAI, PREPARAI O CAMINHO DO SENHOR
VOU PERDOAR MEU IRMÃO.

VOU PEDIR PERDÃO, VOU REZAR E VOU CANTAR,
COM ALEGRIA VOU ME PREPARAR.
ADVENTO É O TEMPO DE ABRIR O CORAÇÃO,
UM CAMINHO, UMA ESTRADA,
PARA ENTRAR A SALVAÇÃO.

Maria Sardenberg – **CD Sementinha 3** – F. 12
COMEP – Pequenos Cantores do Santuário
Santa Edwiges, SP.

Você é um profeta como João Batista.

Escreva aqui o que você gostaria de anunciar para as pessoas.

Junto com seu professor e colegas, vocês irão organizar na sala de aula dois varais ou dois murais.

Num deles vocês colocarão informações sobre o mundo que vemos e não gostamos.

No outro, colocarão informações sobre o mundo que vemos e que queremos ver sempre. Seu professor organizará o trabalho e promoverá uma discussão sobre o assunto.

CADA UM DE NÓS É CHAMADO PARA ANUNCIAR A VERDADE E DENUNCIAR A MENTIRA.

2ª REFLEXÃO

O JEITO DE JESUS ENSINAR

Dou-vos um novo mandamento:

"Que vos ameis uns aos outros como eu vos amei".
(Jo 13, 34)

Muitas pessoas seguiam Jesus para ouvir seus ensinamentos. De tudo o que Jesus falava, sempre estava presente a palavra AMOR. Ele gostava muito de contar histórias para que as pessoas entendessem melhor a sua mensagem. A essas histórias que Jesus contou, chamamos de PARÁBOLAS.

BLOCH, Carl Heinrich. **O sermão da montanha**. 1890. Óleo sobre cobre, 34 cm x 38 cm. Museu de História Nacional da Dinamarca, Hillingdon (Dinamarca).

Leia esta parábola: (Mt. 22, 34-40).

Um homem importante perguntou para Jesus:

O que devo fazer para viver sempre com Deus?

Jesus respondeu:

Você deve amar a Deus de todo seu coração e amar o próximo como a si mesmo.

O homem perguntou:

Mas quem é o meu próximo?

Jesus, então, contou uma história:

Um homem judeu saiu da sua cidade para outra e foi atacado pelos ladrões.

Eles o espancaram, roubaram tudo o que tinha e saíram deixando-o quase morto.

Passou por ali um sacerdote; olhou e seguiu em frente.

Mais tarde, passou um homem da lei; também olhou, ficou com pena, mas passou adiante e nada fez.

Veio depois um terceiro homem, cuja nacionalidade era desprezada pelos judeus, um samaritano.

Ao ver o outro quase morto, o levou para um lugar onde pudesse receber atendimento médico e ainda pagou todas as despesas.

Depois de terminar de contar a história, Jesus perguntou:

Qual você acha que foi o "próximo" daquele homem ferido?

O homem importante respondeu:

Aquele que cuidou dele.

Muito bem! Agora você pode ir e fazer a mesma coisa.

Esta parábola que Jesus contou se chama: O BOM SAMARITANO. Nós a encontramos no Evangelho de Mateus, capítulo 22, versículos de 34 a 40.

Pinte o coração que representa a resposta certa.

Conforme a parábola, três homens passaram pela pessoa caída. Eram eles:

♡ Um judeu, um samaritano e um profeta.

♡ Um sacerdote, um homem da lei e um samaritano.

♡ Um religioso, um samaritano e um rei.

Olhando para o mundo de hoje, o que você acha que as pessoas fazem diante de uma cena semelhante?

Se você e sua família se deparassem com uma situação dessas, o que fariam?

_____
_____
_____
_____
_____

Com esta parábola Jesus está nos ensinando o amor ao próximo. Pensando no seu dia a dia, quem você considera seu próximo?

Existem muitas situações na nossa vida, na família, na escola, na comunidade, nas quais podemos ser como o Bom Samaritano, ajudando e fazendo o bem a quem precisa.

Cite algumas:

Pinte de qualquer cor todos os quadrinhos que tenham a letra "A" e descubra a maior mensagem de Jesus.

X	B	C	D	E	F	G	H	I	J	L	M	N	O	P	Q	R	S	T	U	V	X	V	B	C	D	E	F
G	H	I	L	J	M	N	O	P	Q	R	S	T	U	V	X	Z	B	C	D	E	F	G	H	I	J	L	M
N	A	A	A	A	F	A	A	Z	I	R	K	A	A	N	A	A	A	A	B	A	A	A	A	A	Q
O	A	Z	B	C	A	G	A	P	A	J	S	A	E	A	O	A	Z	J	R	A	C	A	L	T	W	A	R
P	A	D	E	F	A	H	A	Q	B	A	A	Y	F	A	P	A	B	L	S	A	D	A	M	U	K	A	S
Q	A	A	A	A	A	I	A	R	C	L	T	U	G	A	Q	A	C	N	T	A	E	A	A	A	A	A	T
R	A	G	H	I	A	J	A	S	D	M	U	V	H	A	R	A	D	N	U	A	F	A	A	V	L	Y	U
S	A	J	L	M	A	L	A	T	E	N	V	X	I	A	S	A	E	O	V	A	G	A	N	A	M	X	Z
T	A	N	O	P	A	M	A	U	F	O	X	B	J	A	T	A	A	A	A	A	H	A	O	X	A	A	Z
U	Q	R	S	T	U	V	N	V	G	P	Z	C	L	Y	U	F	G	P	X	B	I	Q	P	Y	O	W	K
V	X	Z	B	C	D	E	O	X	H	Q	W	D	M	V	X	H	I	Q	Z	C	J	R	S	Z	P	O	R

49

O professor dividirá sua turma em grupos de cinco. Cada grupo deverá cantar e representar a música a seguir.

O BOM SAMARITANO

Na estrada, um pobre homem está caído,

foi assaltado, roubado, ferido.

Alguém vem vindo pela estrada,

ploque, ploque, ploque, ploque, ploque.

Para, olha, vê,

e continua o seu caminho.

Mais alguém vem vindo pela estrada,

ploque, ploque, ploque, ploque, ploque.

Para, olha, vê,

fica com pena, sacode a cabeça,

e continua seu caminho

Mais alguém vem vindo pela estrada,

ploque, ploque, ploque, ploque, ploque.

Para, olha, vê,

corre pra junto do desconhecido

e o ajuda, como se fosse seu irmão!

Três homens passaram pela estrada;

só um deles tinha amor no coração.

Maria Sardenberg – **CD Sementinha 1** – F. 7
Ed. Paulinas – COMEP – 1981 – Pequenos
Cantores do Santuário Santa Edwiges, SP.

3ª REFLEXÃO

O JEITO DE JESUS ACOLHER

No tempo de Jesus, ninguém se preocupava com as crianças.

Um dia, trouxeram muitas crianças para que Jesus as abençoasse.

Os discípulos começaram a repreender as mães e a afastar as crianças.

Jesus se desgostou com o gesto dos discípulos e disse:

— "Deixai que as crianças venham a mim, porque delas é o Reino do Céu.

Em verdade vos digo: Quem não receber o Reino de Deus como uma criança, nele não entrará".

DORÉ, Gustave. **Jesus abençoando as criancinhas**. 1866. Gravura da série A Bíblia Sagrada. Coleção privada.

Jesus abraçou as crianças, impôs-lhes as mãos e as abençoou.

Jesus disse que o Reino de Deus pertence a quem for parecido com as crianças.

Para que as pessoas sejam parecidas com as crianças, de que maneira elas devem ser?

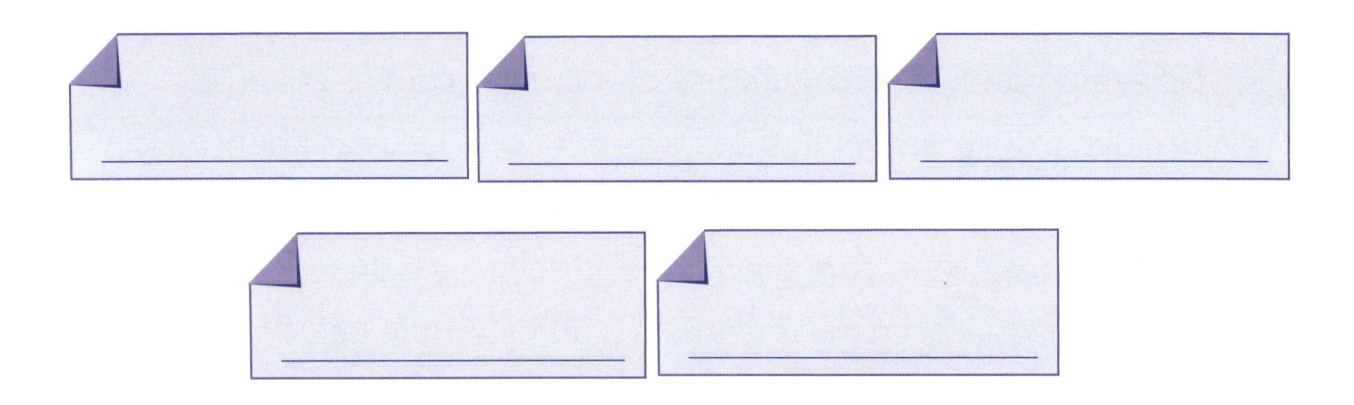

Na atividade anterior você descobriu algumas características das crianças. Você é tudo isto que escreveu ou precisa melhorar em alguma coisa?

As crianças também ajudam a construir o Reino de Deus.

Junto com seu grupo discuta e escreva o que a sua turma pode fazer para ser um sinal do Reino de Deus na escola?

DECLARAÇÃO DOS DIREITOS DA CRIANÇA

Toda criança será beneficiada por esses direitos, sem nenhuma discriminação por raça, cor, sexo, língua, religião, país de origem, classe social ou riqueza. Toda e qualquer criança do mundo deve ter seus direitos respeitados.

Toda criança tem direito a proteção especial, e a todas as facilidades e oportunidades para se desenvolver plenamente, com liberdade e dignidade.

Toda criança tem direito a um nome e uma nacionalidade, ou seja, ser cidadão de um país.

As crianças têm direito a crescer com saúde. Por isso, as futuras mamães também têm direito a cuidados especiais, para que seus filhos possam nascer saudáveis. Elas também têm direitos a alimentação, habitação, recreação e assistência médica.

Crianças portadoras de necessidades especiais devem receber educação e cuidados especiais, porque elas merecem respeito como qualquer criança!

Toda criança tem direito de receber educação básica gratuita e de qualidade, a fim de que possa ter oportunidade para desenvolver suas habilidades. E como brincar também é um jeito gostoso de aprender, as crianças têm todo o direito de brincar e se divertir!

Toda criança deve crescer em um ambiente de amor, segurança e compreensão. As crianças devem ser criadas sob o cuidado dos pais, e as pequenas jamais deverão separar-se da mãe, a menos que seja necessário. O governo e a sociedade têm a obrigação de fornecer cuidados especiais para as crianças que não têm família nem dinheiro para viver decentemente.

Seja em uma emergência ou acidente, ou em qualquer outro caso, a criança deverá ser a primeira a receber proteção e socorro dos adultos.

Nenhuma criança deverá sofrer por pouco caso dos responsáveis ou do governo, nem por crueldade e exploração. Nenhuma criança deverá trabalhar antes da idade mínima, nem será levada a fazer atividades que prejudiquem sua saúde, educação e desenvolvimento.

A criança deverá ser protegida contra qualquer tipo de preconceito, seja de raça, religião ou posição social. Toda criança deverá crescer em um ambiente de compreensão, tolerância e amizade, de paz e de fraternidade universal.

Ajude estas crianças a encontrarem seu direito de estudar.

Traga para a escola fotos, gravuras ou reportagens que representem crianças que são respeitadas nos seus direitos e crianças que não são respeitadas nos seus direitos.

Faça um painel e discuta sobre este assunto com seu professor e colegas.

Mas a criança não tem só direitos, ela tem deveres também. A cada direito corresponde um dever.

Escolha três direitos descritos anteriormente e escreva seu dever correspondente.

DIREITOS	DEVERES
1	1
2	2
3	3

4ª REFLEXÃO

O JEITO DE JESUS PERDOAR

Quando Deus fez o homem e a mulher, Ele queria que dominassem a natureza, mas que vivessem em harmonia com ela. Queria que as pessoas vivessem em paz, ajudando umas às outras. Mas isto não é fácil de acontecer.

As diferenças de raças, religiões, modos de pensar, idade, classes sociais, contribui para que as pessoas não se compreendam e acaba gerando discórdias, divisões, brigas, etc.

Mas não é nada disto que Deus quer. Quando Ele criou o mundo, fez tudo com amor e viu que tudo era bom.

O mal sempre acontece por um único motivo: falta de AMOR.

Quando não amamos como Jesus amou e nos ensinou a amar, então, em nosso coração sobra espaço para o egoísmo, que gera a discriminação e, consequentemente, acabamos machucando as pessoas por dentro.

Isto acontece em todo lugar, até mesmo dentro das nossas famílias.

Alguma vez você já se desentendeu com alguém de sua família, da escola ou da comunidade? Conte como foi.

_____
_____
_____
_____

Jesus contou uma história para dizer o que precisamos fazer quando isto acontece.

É a parábola do FILHO PRÓDIGO (Lc. 15, 11-32).

Certa vez, havia um homem muito rico que tinha dois filhos. Um dia, o filho mais novo disse ao seu pai:

– Pai, quero que você me dê a parte da herança que me pertence. Quero ir embora desta casa para sempre.

O pai deu-lhe todo o dinheiro que lhe pertencia e ele foi gastar tudo com seus amigos.

– Isto que é vida! Comer bem, vestir-se bem, diversão à vontade, sem precisar trabalhar e sem pensar em nada!

Mas o tempo foi passando e o dinheiro diminuindo, até que ele ficou sem nada.

Os amigos desapareceram e ele teve que procurar trabalho para não morrer de fome.

Conseguiu um trabalho de guardador de porcos. Seu patrão era tão mau que não o deixava comer nem mesmo a comida dos porcos.

Então ele começou a pensar:

"Os empregados na casa do meu pai têm comida à vontade e eu aqui estou passando fome. Mas será que meu pai vai me receber de volta depois de tudo o que fiz?"

Ele não imaginava que todos os dias seu pai ficava olhando para a estrada na esperança de ver seu querido filho voltando.

Um dia, seu pai viu um vulto, muito longe, andando devagar, mal alimentado e mal vestido. Era seu filho. Correu ao encontro dele e o abraçou.

Então o filho disse:

— Pai, pequei contra o céu e contra ti. Já não mereço ser chamado teu filho. Trata-me como a um dos teus empregados!

Mas o pai, rapidamente, chamou alguns de seus empregados e disse-lhes:

– Tragam-lhe a melhor túnica; ponham-lhe um anel no dedo e uma sandália nos pés.

Matem um bezerro gordo.

E alegremo-nos porque este filho estava perdido e foi encontrado!

Com esta parábola, Jesus quis ensinar que o PERDÃO é uma atitude muito bonita, e que por mais que a gente se desentenda com alguém, sempre é possível voltar a ser amigo se tivermos uma atitude de perdão.

Você já teve alguma oportunidade de perdoar e de ser perdoado?

Conte como foi.

Complete a cruzadinha.

1. Quando erramos e pedimos perdão a Deus, ele sempre nos _____.
2. Quando somos perdoados por Deus ou por nossos amigos, sentimos muita _____.
3. Quando o filho pródigo voltou, ele estava _____ do que havia feito.
4. Quando o filho pródigo voltou, o pai mandou preparar uma grande _____.
5. Quando brigo com alguém, devo imediatamente pedir _____.
6. Perdoar é um ato de _____ a Deus e ao próximo.

Procure lembrar se você magoou alguém na escola, na sua família ou na comunidade. Escreva um recadinho aqui, pedindo perdão. Expresse-se como quiser.

Com ajuda de seu professor, encene e cante a parábola:

O FILHO PRÓDIGO

NO CAMINHO PARA CASA SE ENCONTRARAM
O FILHO QUE VOLTAVA, O PAI QUE ESPERAVA.

O FILHO QUE UM DIA FORA EMBORA,
BUSCANDO AVENTURA, ACHANDO DESVENTURA.

HAVIA TRISTEZA NO OLHAR DO FILHO
ARREPENDIMENTO NO OLHAR DO FILHO,
MAS QUE CONTENTAMENTO NO OLHAR DO PAI.

TODO O PERDÃO NO OLHAR DO PAI.
NESTA HISTÓRIA JESUS NOS ENSINOU
QUE O PAI É O SENHOR NOSSO DEUS.

ACONTEÇA O QUE ACONTECER
ELE SEMPRE ESPERA POR NÓS.

ACONTEÇA O QUE ACONTECER
NÓS TEMOS UM PAI QUE ESPERA POR NÓS.

Maria Sardenberg – **CD Sementinha 1** – F. 10
Ed. Paulinas – COMEP – 1981 - Pequenos Cantores de Apucarana.

5ª REFLEXÃO

O JEITO DE JESUS AGRADECER

A gratidão é um sentimento que expressamos a alguém, sempre que somos lembrados de alguma forma.

Devemos gratidão a muita gente.

Desde o padeiro que faz o pão que eu como pela manhã, até a minha mãe que à noite me coloca para dormir.

Durante nosso dia dependemos do trabalho e da atenção de muitas pessoas. A todas elas nós devemos gratidão.

Sempre temos muitos motivos para agradecer. Nosso primeiro ato de gratidão deve ser dirigido a Deus, que nos deu a vida, e depois a todas as pessoas que ajudam a dar continuidade a esta vida.

Descubra quantos motivos você tem para agradecer.

Faça uma oração de gratidão a Deus.

Comece assim:

- Obrigado, Senhor, pela minha vida.
- Obrigado, Senhor,...
-
-
-
-
-

Jesus também sempre cultivou o sentimento de gratidão e nos ensinou a agradecer.

Veja esta passagem bíblica: (Lc. 17, 11-19).

Quando Jesus entrou em uma aldeia, vieram ao seu encontro dez leprosos. Vendo Jesus, eles começaram a gritar:

MESTRE, TENHA COMPAIXÃO DE NÓS!

Jesus ordenou:

PODEM IR. APRESENTEM-SE AO SACERDOTE.

Os leprosos, no tempo de Jesus, não podiam entrar nas sinagogas, que são as igrejas dos judeus. Eles eram discriminados pela sociedade e condenados a viver longe de todos.

Enquanto caminhavam em direção à sinagoga para se apresentarem ao sacerdote, como Jesus havia ordenado, eles se sentiram curados.

Um deles, ao perceber que estava curado, voltou agradecendo a Deus em alta voz. Ajoelhou-se aos pés de Jesus e o agradeceu.

Jesus então perguntou:

> Não foram dez os doentes curados?
>
> Onde estão os outros nove? Levante-se e siga sua vida.
>
> Você foi curado pela sua fé.

O que você achou da atitude de Jesus ao perguntar onde estariam os outros nove leprosos?

Converse com seu colega ao lado e, juntos, descubram formas de agradecer a Deus.

Expressamos gratidão ao outro de várias formas.

CANTANDO

ENVIANDO FLORES

ESCREVENDO

Utilize os quadros a seguir e registre outras formas de expressar gratidão.

Se você prestar atenção, todos os dias vai encontrar muitos motivos para agradecer.

Pense e escreva.

O que você gostaria de agradecer neste momento?

A CURA DOS DEZ LEPROSOS

CANTO

> Um, dois, três, quatro, cinco, seis, sete, oito, nove, dez.
> Dez homens Jesus curou, dez homens Jesus curou.
> Nove foram embora, só um deles voltou
> Pra dizer muito obrigado, pra dizer muito obrigado.
>
> A ingratidão é dor que dói no fundo do coração.
> Eu não quero, não quero que o bom Jesus
> Sofra com a minha ingratidão.

Maria Sardenberg – **CD Sementinha 1** – F. 9
Ed. Paulinas – COMEP – 1981 – Pequenos Cantores de Apucarana

Assim como os leprosos eram rejeitados no tempo de Jesus, hoje também muitas pessoas são rejeitadas pela sociedade.

São os doentes de AIDS, os mendigos, as crianças de rua, os velhinhos.

De todas estas pessoas, vamos fazer uma reflexão sobre os velhinhos.

De acordo com o dicionário, a palavra VELHO significa:
- que tem mais idade;
- que existe há mais tempo;
- que tem muitos anos de vida.

Muitas pessoas usam a palavra VELHO para expressar carinho:
ESTE É MEU VELHO E QUERIDO PAI.

Outras, usam a palavra VELHO para menosprezar as pessoas:
TIRE ESTE VELHO DAQUI!

Na verdade, são às pessoas mais velhas a quem devemos muita gratidão. Elas são experientes, já viveram muito e têm sábios conselhos a nos dar.

As famílias devem respeitar as pessoas idosas que fazem parte delas. Devem tratá-las com amor, com carinho, com atenção, ouvir suas histórias e atender às suas necessidades.

Existem famílias que desprezam os seus idosos e os colocam em asilos sem a menor preocupação em saber como estão passando. Lá, embora encontrem pessoas que lhes deem atenção, eles sofrem a dor do abandono e da solidão.

Não há dor maior para um pai e para uma mãe que a de ser esquecido pelos seus filhos.

Procure em jornais e revistas ou pergunte a outras pessoas e traga para a sala de aula alguma informação sobre este assunto. Discuta com o seu professor e colegas e depois exponha tudo em um painel.

Se possível, vá com sua turma ou com seus pais a um asilo para idosos e converse com eles. Veja quanta coisa eles têm para contar. Depois, escreva como foi sua visita.

> Lembre-se: o maior presente que você pode dar a um idoso é seu carinho, seu sorriso, sua atenção, sua **GRATIDÃO**.

Faça uma oração agradecendo a Deus pelos idosos da sua família e pedindo por eles.

Represente neste espaço o que você aprendeu com esta reflexão.

JESUS ANUNCIA O REINO DE DEUS

1ª REFLEXÃO

SEMEANDO EM TERRA BOA

Jesus estava à beira do lago e junto dele uma multidão de pessoas.

Os seus ensinamentos e mensagens eram feitos sempre através de histórias, para que o povo entendesse o que Ele queria transmitir.

Jesus, então, começou a falar: (Mt. 13, 1-23)

"Um semeador saiu a semear.

Enquanto semeava, uma parte das sementes caiu à beira do caminho e os passarinhos comeram tudo.

Outra parte caiu sobre as pedras; brotou e secou porque não havia umidade.

Mais uma parte caiu no meio dos espinhos. Cresceu, mas os espinhos a sufocaram.

Outra parte, ainda, caiu em terra boa. Cresceu e deu muitos frutos."

O povo que ouvia Jesus não entendeu o que Ele quis ensinar.

A semente é a palavra de Deus. Os diversos tipos de terrenos significam o coração das pessoas.

Quando uma pessoa ouve a palavra de Deus e não põe em prática, a mensagem fica perdida.

A semente que caiu em solo pedregoso é aquele que ouve a palavra com atenção, quer colocá-la em prática, mas como não tem raiz, isto é, não é perseverante, na primeira dificuldade a deixa morrer.

As sementes caídas entre os espinhos representam as pessoas que escutam a palavra de Deus, mas o egoísmo, a cobiça, as más companhias, não deixam a palavra permanecer no seu coração, esquecem logo, acabam não fazendo nada de bom.

As sementes que caíram em terra boa representam aqueles que ouvem a palavra de Deus e a pratica com gestos de justiça, de amor, de solidariedade, sendo sinais de transformação na sociedade e na comunidade.

Pinte os corações que indicam verdades.

Quando Jesus fala através da Bíblia, Ele quer:

- UM CORAÇÃO DE CARNE
- UM CORAÇÃO DE PEDRA
- UM CORAÇÃO QUE AMA
- UM CORAÇÃO FRATERNO
- UM CORAÇÃO QUE RESPEITA

Você e sua família trocam ideias sobre a Palavra de Deus? Como isto acontece?

Desenhe ou cole figuras de atitudes de pessoas que representam o **TERRENO RUIM**.

Desenhe ou cole figuras de atitudes de pessoas que representam o TERRENO BOM.

Faça uma história em quadrinhos para contar a parábola do semeador.

A semente precisa de alguns cuidados para crescer forte e dar bons frutos.

A **Palavra de Deus**, para produzir frutos de sabedoria e bondade, precisa de um coração sincero, pronto para acolher a Palavra de Deus e anunciá-la a todos.

A SEMENTINHA

CANTO

O passarinho comeu a semente
que caiu na beirada do caminho.
Também não pôde brotar
a semente que caiu entre pedras e espinhos.

Mas a semente que caiu na terra boa
vingou, cresceu, deu flores e deu frutos.
A Palavra de Jesus é semente do bem,
seja o nosso coração terra boa.

Maria Sardenberg – **CD Sementinha 1** – F. 2
Ed. Paulinas – COMEP – 1981. – Pequenos Cantores de Apucarana.

QUANDO ACOLHEMOS A PALAVRA DE DEUS, SOMOS SOLO BOM!

2ª REFLEXÃO

PLANTANDO A BOA SEMENTE

Jesus usou a parábola da semente para explicar como é o Reino de Deus. (Mt. 13-24, 30)

O Reino dos Céus é semelhante a um homem que tinha semeado boa semente em seu campo.

Na hora, porém, em que os homens repousavam, veio o seu inimigo, semeou joio no meio do trigo e partiu.

O trigo cresceu e deu fruto, mas apareceu também o joio.

Os servidores do pai de família disseram-lhe: "Senhor, não semeaste bom trigo em teu campo?

De onde vem, pois, o joio?" Disse-lhes ele: 'Foi um inimigo que fez isto!" Perguntaram-lhe: Queres que vamos arrancar?"

"Não" – disse ele – "arrancando o joio, arrancais também o trigo. Deixai-os crescer juntos até a colheita. No tempo da colheita direi: Arrancai primeiro o joio para queimá-lo.

Recolhei depois o bom trigo no meu celeiro".

O semeador é Jesus. A boa semente, os seguidores de Jesus. O joio, os seguidores do mal.

Quando vivemos em comunidade, em grupo, temos força maior para discernir entre o trigo, que ajuda a viver, que nos traz Vida Nova e o joio, que engana, destrói e nos leva à morte.

Aquele que é fiel à Palavra de Deus sempre será trigo.

Os meios de comunicação são importantes na relação entre as pessoas.

Eles podem semear a ajuda, o amor, a justiça, a fraternidade, a verdade e a paz, podendo também semear a discórdia, as brigas, a violência, o desamor e as falsas ilusões. Os meios de comunicação estão na vida e fazem parte dela. Jesus sempre preocupou-se com sua forma de comunicação para que todos entendessem melhor suas mensagens.

PENSE E RESPONDA

De que maneira os meios de comunicação podem ser "JOIO", e como podem ser TRIGO?

_____
_____
_____
_____
_____
_____

O trigo são os valores que nos trazem vida e nos ajudam a crescer: o respeito, o amor a si e aos outros, a justiça, a paz, o dizer não aos vícios, tudo nos faz crescer como pessoa e como grupo.

O joio tem aparência de trigo. Mas engana. São os contravalores como: a violência, a discórdia, os vícios, as falsas ilusões de um mundo consumista.

VAMOS TROCAR IDEIAS COM A TURMA

O que podemos constatar na sociedade como "valores" (trigo) e como "contravalores" (joio)?

Ao meu redor eu vejo "JOIO".

_____
_____
_____
_____

Ao meu redor eu vejo "TRIGO".

_____
_____
_____
_____

Como você pode ser TRIGO no ambiente em que vive?

Faça uma ilustração sobre a parábola do joio e o trigo.

Para discutir em grupo:

PERGUNTAS:
1. Qual é a diferença entre o joio e o trigo?
2. Por que o dono da plantação não deixou que arrancassem o joio?
3. O que representa o terreno?
4. O que o trigo representa?
5. E o joio?
6. O que vai acontecer com o trigo no final?
7. E com o joio?
8. O que é fazer o bem? Dê exemplos práticos.

**SOU SEMEADOR DO REINO.
QUERO SEMEAR A BOA SEMENTE.**

3ª REFLEXÃO

DESCOBRINDO TESOUROS

Na época de Jesus, as pessoas também colocavam sua segurança nas riquezas, nos objetos, no poder.

Pensando na felicidade que só o Reino de Deus pode nos dar, Jesus contou a seguinte parábola.

> "O Reino de Deus é semelhante a um tesouro escondido no campo. Quem o acha, enterra-o de novo e vai, com alegria, vende tudo o que possui para comprar o terreno onde foi encontrado o tesouro".
> (Mt. 13, 44).

Não existe tesouro que se compare à alegria, à felicidade de estar bem com Deus.

As riquezas, o tesouro do Reino de Deus são: amor, fé, bondade, fraternidade, paz, justiça, perdão. Quem encontra o Reino de Deus jamais se afasta dele.

> **"Procurem em primeiro lugar o Reino de Deus".**
> (Mt. 6, 33)

Troque os símbolos por letras e descubra os tesouros do Reino de Deus.

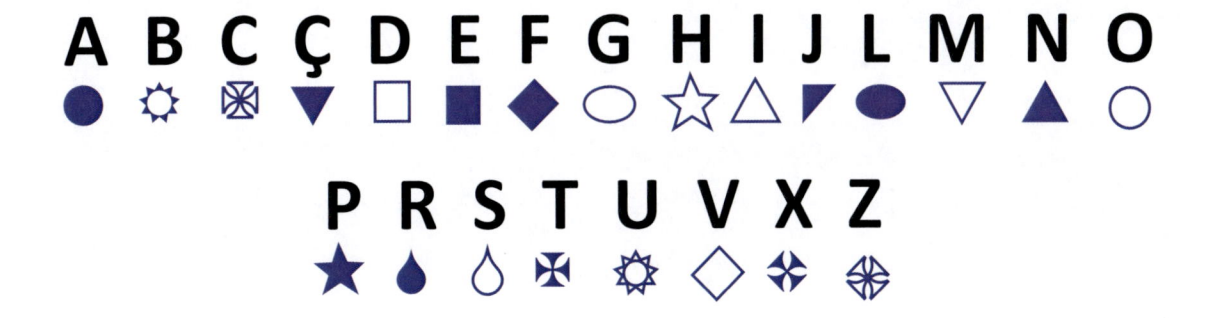

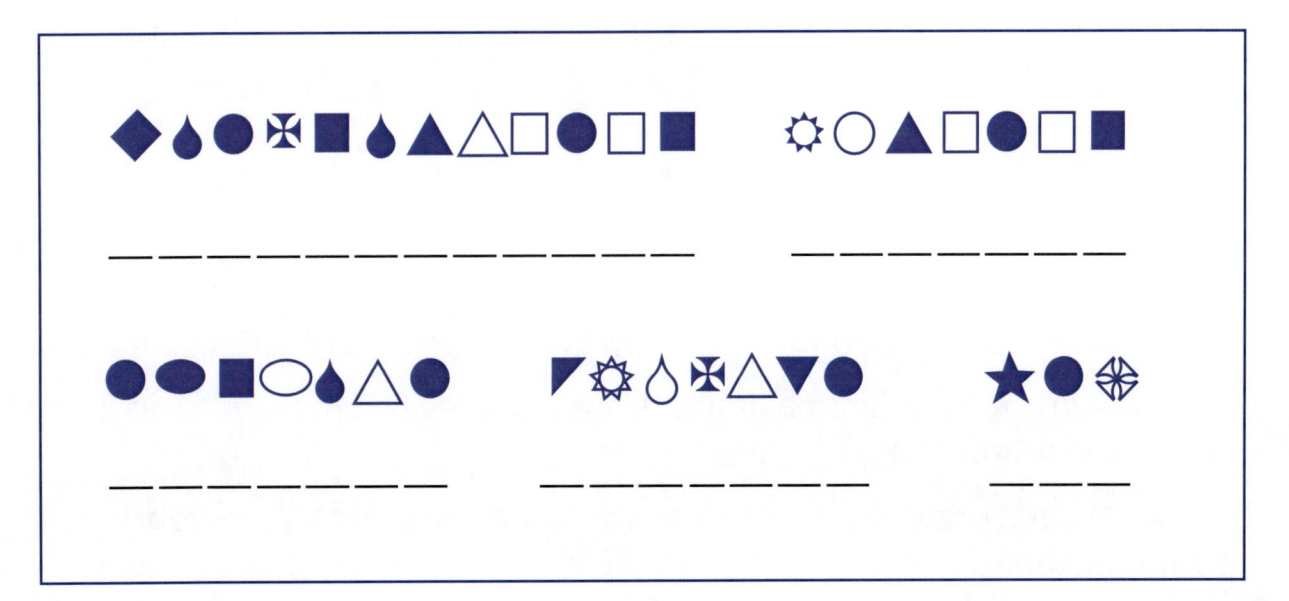

A B C Ç D E F G H I J L M N O
P R S T U V X Z

Vamos fazer um debate em sala de aula, para analisarmos quais os valores de uma sociedade de consumo e de uma sociedade que vive os tesouros do Reino de Deus.

SOCIEDADE DO REINO DE DEUS

_____
_____
_____
_____
_____
_____
_____

SOCIEDADE DE CONSUMO

_____
_____
_____
_____
_____
_____
_____

O professor irá dividir a turma em grupos de quatro alunos.

Cada grupo irá criar uma dramatização que revele um tesouro do Reino de Deus. O grupo poderá escolher.

Após cada dramatização apresentada, a turma tentará descobrir qual o valor encenado.

Complete com as vogais e descubra mais tesouros do Reino de Deus.

	M	O	R			

(cruzadinha com as palavras:)

- AMOR
- PREMIO
- REINO
- CARIDADE / CARIDAD
- GRATIDÃO
- PERDÃO
- JUSTIÇA
- FRATERNIDADE
- BONDADE
- ALEGRIA
- HONESTIDADE

BUSCAI PRIMEIRO O REINO DE DEUS E TUDO MAIS VOS SERÁ DADO POR ACRÉSCIMO.

Sugestão de leitura

RECONTANDO AS PARÁBOLAS DO REINO DOS CÉUS
Gilson Morales, Marina Unica Morales.
Editora Ática.

4ª REFLEXÃO

CRESCENDO NA DESCOBERTA DE DEUS

O grão de mostarda era uma pequena semente, conhecida na terra de Jesus.

Jesus então contou esta parábola:

"O Reino dos Céus é comparado a um grão de mostarda que um homem semeia em seu campo. É a menor de todas as sementes, mas quando cresce, torna-se uma árvore maior que todas as hortaliças, e os pássaros vêm aninhar-se em seus galhos".

Jesus diz também:

"O Reino dos Céus é como o fermento que, colocado na massa, faz crescer e levedar toda a massa".

A semente de mostarda é muito pequena mas, quando plantada, mostra todo seu valor.

O fermento na massa não é perceptível, só descobrimos seu valor quando esquecemos de usá-lo no pão.

O mesmo acontece com a nossa vida. Somos pequenos e muitas vezes não sabemos o valor que temos.

Às vezes olhamos o mundo e achamos que não podemos fazer nada para mudá-lo. Estamos enganados!

Veja como é um copo de água. Ele é feito de muitas gotas juntas. Quando está muito cheio, uma gota a mais poderá fazê-lo transbordar.

Se uma gota de água pode fazer a diferença num copo, por que nós não podemos também fazer a diferença na comunidade onde vivemos?

Quando cada pessoa dá sua parcela de colaboração para modificar o mundo, certamente as mudanças começam a acontecer.

Descubra a mensagem colocando os números em ordem crescente.

5 DE	4 GRÃO	9 VALOR.
8 MUITO	3 UM	2 COMO
7 TENHO	6 MOSTARDA.	1 SOU

Somos pessoas, criadas à imagem e semelhança de Deus, portanto, colaboradores Dele na construção do mundo.

Com nossa inteligência, podemos olhar ao nosso redor e ver o que precisa ser mudado; com nossa vontade, podemos descobrir e praticar atos de responsabilidade que contribuam para a melhoria de vida das pessoas que nos cercam.

Escreva ao lado de cada ilustração, como você pode ser um grão de mostarda diante de cada situação.

No espaço abaixo faça uma ilustração que mostre você cooperando para melhorar o meio em que você vive.

5ª REFLEXÃO

ILUMINANDO O MUNDO COM A LUZ DE DEUS

Jesus, falando com seus discípulos, disse: "Vóis sois o sal da terra. Se o sal perde o sabor, para nada serve, senão para ser lançado fora.

Vós sois a luz do mundo. Não se pode esconder uma cidade situada sobre uma montanha, nem acender uma luz para colocá-la debaixo da mesa, mas sim para iluminar a todos os que estão em casa.

Assim brilhe vossa luz diante dos homens, para que vejam as vossas boas obras, e glorifiquem vosso Pai que está nos céus".

Na história relatada por Jesus fica bem claro a responsabilidade do cristão que, através de suas palavras e principalmente de seus exemplos, deve dar sentido à vida humana, fazendo renascer os ideais e os valores de uma vida sadia e feliz.

Brilhe Vossa Luz. Devemos SER LUZ E TER LUZ, para que todos possam conhecer o caminho que leva a Deus, que é: alegria, solidariedade, paz, felicidade. Deus é Amor.

O professor lhe dará um pouco de pipoca sem sal para provar e, em seguida, pipoca com sal. Enquanto você come, converse com seu colega mais próximo sobre a diferença das duas.

O sal dá sabor a todos os alimentos. O sal é uma substância importante ao homem e a todos os tipos de vida animal. Sem o sal, os alimentos não têm sabor. Com o sal, os alimentos podem ser conservados por mais tempo.

Assim são os valores espirituais.

Quando vivemos os ensinamentos de Jesus, damos sabor à vida e as pessoas que convivem conosco ficam mais felizes.

O professor irá levar você para uma sala que possa ficar bem escura. Depois, irá acender uma vela e mais adiante irá acender todas as luzes ou abrir as cortinas. Discuta com o grupo:

- Como você se sentiu na escuridão?
- Como você se sentiu com a luz da vela?
- Como você se sentiu com a luz total?

Assim como nosso corpo precisa da luz do Sol para se locomover, nosso espírito precisa da Luz de Deus para se orientar. Quando caminhamos nas trevas, estamos nos expondo a muitos perigos. Quando caminhamos na luz vemos com clareza o que precisamos fazer e que atitudes devemos tomar diante dos acontecimentos.

Jesus quer que sejamos SAL DA TERRA e LUZ DO MUNDO! Isto significa que devemos colaborar para viver em harmonia com as pessoas que convivem conosco, e que possamos dar sabor à nossa vida, sabendo sempre fazer escolhas positivas.

Complete a cruzadinha.

Se todos fossem Sal e Luz para o mundo, nele só haveria:

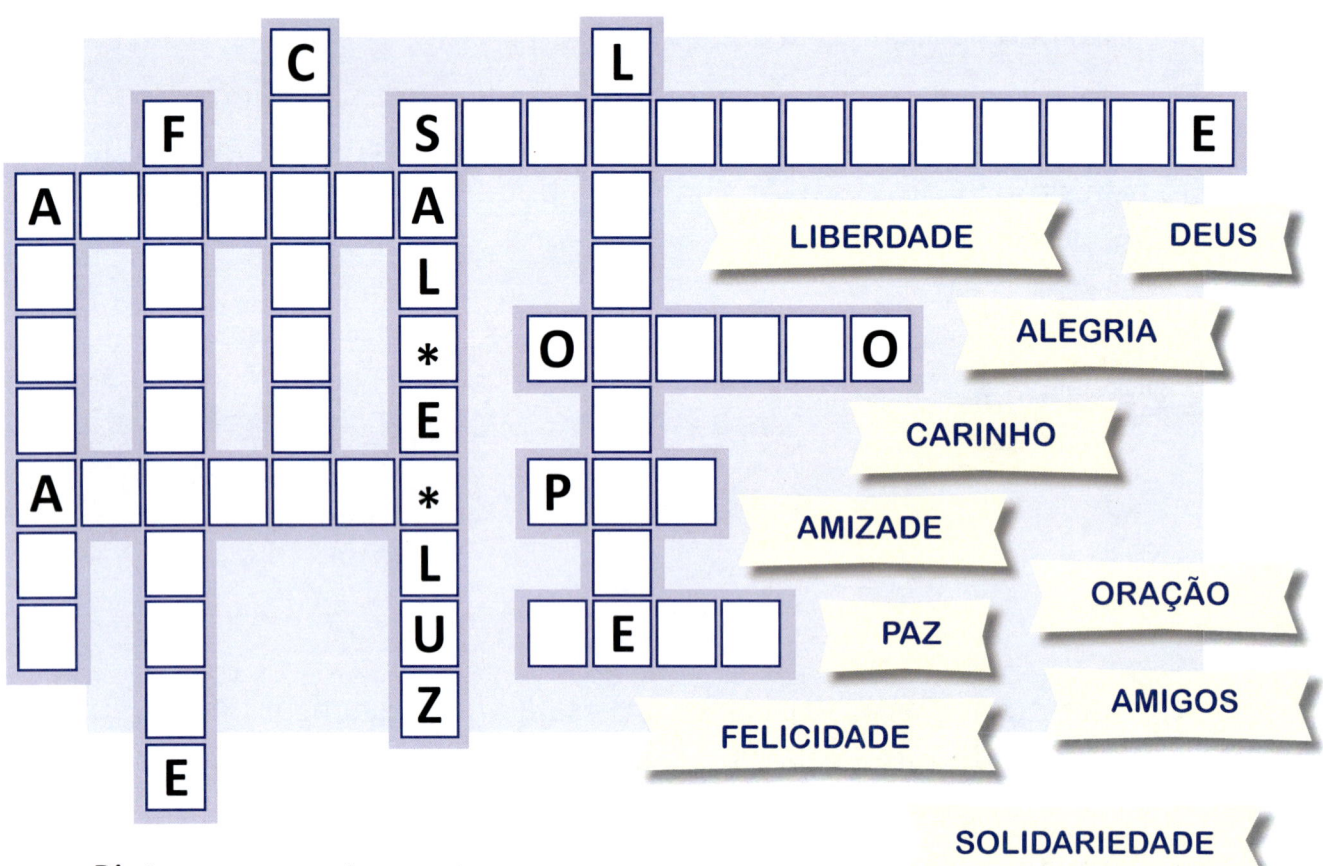

LIBERDADE
DEUS
ALEGRIA
CARINHO
AMIZADE
ORAÇÃO
PAZ
AMIGOS
FELICIDADE
SOLIDARIEDADE

Pinte as respostas certas.

Os que são Sal da Terra e Luz do Mundo

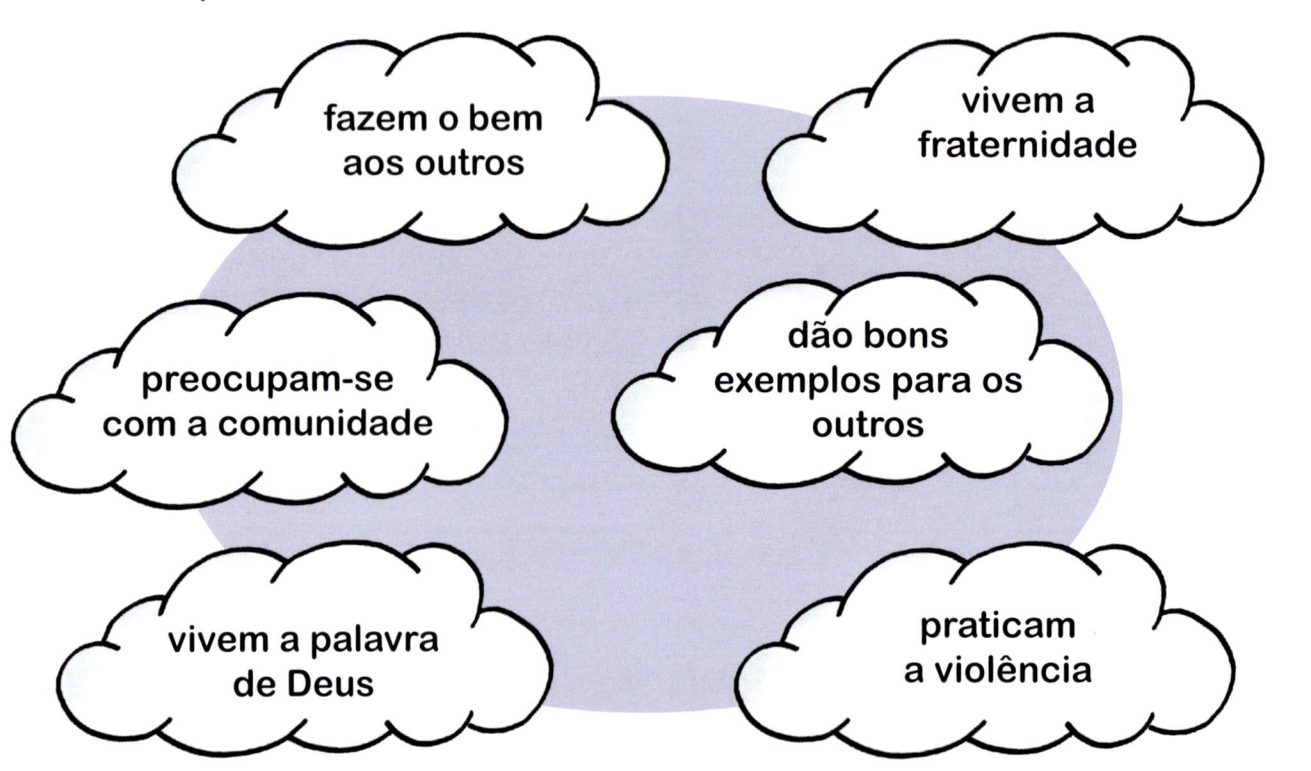

- fazem o bem aos outros
- vivem a fraternidade
- preocupam-se com a comunidade
- dão bons exemplos para os outros
- vivem a palavra de Deus
- praticam a violência

Leia com atenção o texto abaixo. Reúna-se com mais três colegas e criem uma música para cantar com toda sua turma.

SAL DA TERRA

MÚSICA

Vós sois o sal da terra
Vós sois a luz do mundo!

Ninguém mais quer o sal
quando ele perde o seu sabor
Ninguém acende a luz
para escondê-la logo após.

O sal e a luz sou eu!
Eu sou do povo do Senhor.
Vós sois o sal da terra
Vós sois a luz do mundo.

Eu quero que esta vida
tenha muito mais sabor.
Eu quero que meu povo
tenha muito mais amor.

Pe. Zezinho – COMEP – 1974.

De tudo o que você viu, leu e fez sobre o tema SAL DA TERRA E LUZ DO MUNDO, escreva o que você aprendeu.

Veja o que mais diz a Bíblia sobre este assunto. Leia, copie e guarde na sua memória e no seu coração.

Evangelho de Marcos, (Mc. 9, 50)

Carta aos Colossenses, (Col. 4, 6)

Evangelho de Lucas, (Lc. 11, 35)

JESUS CONFIRMA SEU AMOR ATRAVÉS DOS MILAGRES

1ª REFLEXÃO

A PRONTIDÃO DE JESUS NAS BODAS DE CANÁ

Jesus, Maria e seus amigos foram convidados para uma festa de casamento. Todos comiam e bebiam com muita alegria, até que o vinho acabou.

No tempo de Jesus, quando o vinho acabava, a festa terminava e os convidados iam embora.

Maria, que sempre estava atenta às necessidades dos outros, percebeu a preocupação dos noivos e disse para Jesus:

— Filho, o vinho deles acabou!

— Mãe, ainda não chegou a minha hora de fazer milagres!

Mas Maria conhecia bem seu filho Jesus e sabia que seu coração era muito bom e que não deixaria de ajudar aqueles noivos.

Então ela tomou a iniciativa e disse aos empregados da festa:

Maria estava certa. Não demorou muito, e Jesus disse aos que serviam à mesa:

FAÇAM TUDO O QUE JESUS MANDAR!

ENCHAM TODOS OS POTES COM ÁGUA.

Quando os potes estavam cheios, Jesus transformou toda aquela água em vinho e disse:

LEVEM AGORA AO CHEFE DE VOCÊS.

Eles levaram, e o chefe dos que serviam as mesas ficou admirado com o sabor daquele vinho. Procurou então o noivo e disse:

É COSTUME SERVIR PRIMEIRO O VINHO MELHOR E DEPOIS QUE TODOS BEBERAM BASTANTE, SERVIR O VINHO DE MENOR QUALIDADE. MAS VOCÊ FEZ O CONTRÁRIO, DEIXOU O VINHO MELHOR POR ÚLTIMO.

Os servidores das mesas, que sabiam o que havia acontecido, acreditaram que Jesus era o Filho de Deus.

Este foi o primeiro milagre que Jesus fez.

Decifre a mensagem.

[Jesus] [feijão] – IJÃO + Z   [selo] – LO + U   1º

[milho] – LHO +   [menina] – IMA + E   [nuvem] – VEM   [mala] – LA

[festa]   D [casamento]

_____
_____

Pinte a placa correta.

Com este milagre Jesus nos ensina que:

- DEVEMOS IR A MUITAS FESTAS.
- É BOM BEBER VINHO.
- DEVEMOS AJUDAR OS OUTROS EM SUAS DIFICULDADES.
- NÃO PRECISAMOS NOS PREOCUPAR COM OS PROBLEMAS DOS OUTROS.

Jesus sempre esteve atento às necessidades das pessoas. Ele sempre fez a sua parte na tentativa de melhorar o mundo e nos convida a fazer o mesmo, praticando gestos de solidariedade e prontidão.

Ser solidário é estar atento às necessidades dos outros e fazer todo o possível para ajudá-los.

De que maneira você pode ser pronto e solidário em situações como as que estão representadas a seguir? Interprete-as a seu modo e escreva o que você pode fazer para mudar estes quadros.

Complete a cruzadinha com as atitudes que demonstram o amor de Jesus pelas pessoas, através do milagre do vinho.

SOLIDARIEDADE
CORAGEM
AMIZADE
COMPANHEIRISMO
OBEDIÊNCIA
ACOLHIMENTO
AJUDA
BONDADE

JESUS, COMO VOCÊ, EU TAMBÉM QUERO ESTAR ATENTO ÀS NECESSIDADES DOS OUTROS.

2ª REFLEXÃO

A SOLIDARIEDADE E A PARTILHA DE JESUS NA MULTIPLICAÇÃO DOS PÃES

(Jo. 6, 1-15)

Jesus atravessou o Lago da Galileia. Uma grande multidão o seguia, porque via os milagres que Ele fazia em benefício das pessoas.

Jesus viu todas aquelas pessoas e teve compaixão delas, pois estavam com fome e disse a um dos seus apóstolos:

— Aonde compraremos pão para que este povo possa comer?

Outro discípulo disse-lhe:

— Está aqui um menino que tem cinco pães e dois peixes, mas o que é isto para tanta gente?

Eram em torno de cinco mil pessoas.

Jesus, então, pegou os pães e os peixes e deu graças a Deus por aquele alimento. Em seguida, pediu que seus discípulos distribuíssem ao povo.

Todos ficaram saciados e dos pedaços que sobraram encheram doze cestos.

À vista deste milagre de Jesus, aquela gente dizia:

— Este é verdadeiramente o Filho de Deus, o profeta que devia vir ao mundo.

Jesus, então, retirou-se para as montanhas.

Arrume os pães em ordem numérica crescente, decifre a mensagem e copie.

1	SE
2	TODOS
3	PARTILHAREM
4	NÃO
5	VAI
6	FALTAR
7	NADA
8	PARA
9	NINGUÉM

_____

Para fazer o milagre da multiplicação dos pães e dos peixes, Jesus contou com a generosidade de um menino. Ele tinha pouco, mas o ato solidário de partilhar o pouco que tinha, fez com que isto ficasse muito.

Sempre que partilhamos com o outro, percebemos que aquilo que partilhamos não nos fará falta, ao contrário, cada vez mais descobriremos que é dando que se recebe mais.

Podemos resolver grandes problemas com pequenos gestos, como por exemplo:

- Matar a fome ou a sede de alguém.
- Amenizar o frio daquele que não tem agasalho.
- Acalmar a dor do que está doente.
- Consolar aquele que está chorando.

Continue:

-
-
-

Jesus falava de Deus, mas também se importava com as necessidades do povo.

Ele podia ter mandado aquelas cinco mil pessoas para suas casas, seria uma forma muito mais fácil de se livrar do problema da fome naquele momento. Mas Ele preferiu apelar para a solidariedade, para a partilha, pois seu coração era grande demais e cheio de amor pelo povo.

Analise agora as suas atitudes.

O que você faz quando vê um colega sem lanche na escola?

Você costuma emprestar seus brinquedos para seus amigos?

Você já teve oportunidade de praticar um gesto solidário? Conte como foi.

Decifre a mensagem, pintando os quadradinhos onde tiver ponto (•)

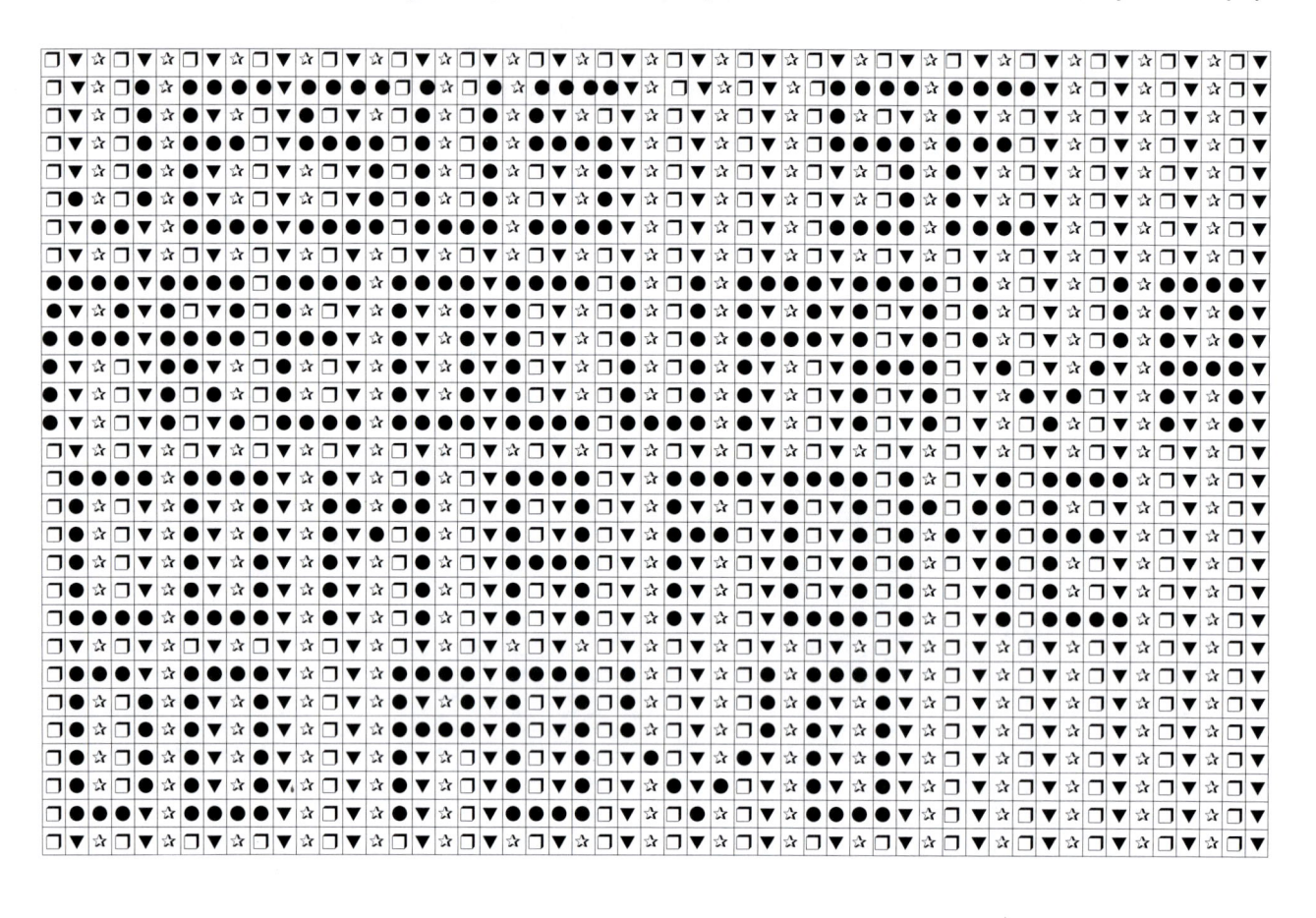

Quando Jesus fez o milagre da multiplicação dos pães e dos peixes, o povo queria proclamá-lo rei, para que Ele governasse seu país, porque pensava no bem de todos.

Você acha que os nossos governantes se preocupam com as necessidades do povo? Explique.

Faça uma pesquisa com ajuda da família, sobre as principais necessidades do povo da sua cidade.

De que forma estão sendo atendidas as necessidades básicas como:

SAÚDE

ALIMENTAÇÃO

TRABALHO

EDUCAÇÃO

HIGIENE

LAZER

Você pode fazer isto em grupo e expor aos seus colegas em forma de painel, cartazes, dramatizações, músicas, etc.

Escreva aqui, de maneira resumida, o resultado da sua pesquisa.

3ª REFLEXÃO

A VISÃO DE JESUS NA CURA DOS DOIS CEGOS

Jesus estava em Jericó e uma grande multidão o seguia. Entre o povo estavam dois cegos que, percebendo a presença de Jesus, começaram a gritar:

— Jesus, tende piedade de nós. Queremos voltar a ver.

Jesus então perguntou:

— Vocês acreditam que eu posso curá-los?

E eles responderam:

— Sim, Senhor.

Então, Jesus tocou nos olhos deles e disse:

— Que seja feito conforme a fé que vocês têm.

Imediatamente eles começaram a enxergar.

Jesus pediu que eles não contassem nada a ninguém, mas eles saíram pelas ruas dizendo para todo mundo o que havia acontecido.

(Mateus 20, 29-34)

Enxergar não é somente ter os olhos sadios para acompanhar o que se passa ao nosso redor.

Enxergar bem é poder tomar uma posição diante do que estamos vendo, saber discernir o certo do errado e fazer alguma coisa para melhorar.

Uma frase diz:

"DEVEMOS OLHAR COM OS OLHOS DO CORAÇÃO".

O que isto quer dizer?

_____
_____
_____
_____

Quando enxergamos com o coração:

- podemos perceber as necessidades dos outros.

- sabemos dividir o que temos com os que não têm.

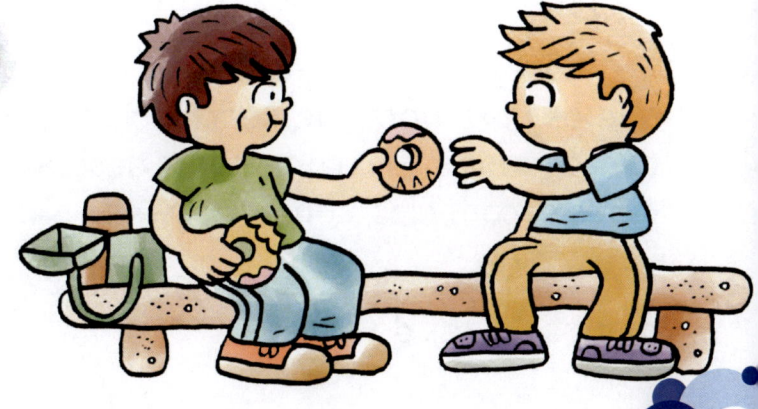

- descobrimos quando os outros precisam de amigos.

- conseguimos até interpretar os sentimentos dos outros.

> A PIOR CEGUEIRA NÃO É A DOS OLHOS, MAS A DO CORAÇÃO.

Muitas pessoas são cegas dos olhos do corpo, mas os olhos do coração funcionam muito bem. São pessoas que não se deixam vencer por um problema físico e buscam novas alternativas para superar seus limites.

Você já ouviu falar da linguagem BRAILE? É um tipo de leitura e escrita que os portadores de deficiência visual usam para poder se comunicar com o mundo. Eles conseguem desenvolver uma grande sensibilidade nas mãos e, com elas, conseguem ler.

Deus deu a inteligência para as pessoas e com ela é possível superar muitos limites do corpo.

Seu professor vai dividir a turma em grupos. Cada grupo fará uma pesquisa sobre um dos itens abaixo.

a) Método de leitura e escrita dos portadores de deficiência visual (BRAILE).

b) Portadores de necessidades especiais, que conseguiram superar seus limites e desenvolveram trabalhos importantes como: arte, música, literatura, teatro.

c) Trabalhos desenvolvidos normalmente pelos portadores de deficiência visual.

d) Principais dificuldades enfrentadas pelos portadores de deficiência visual nos grandes centros urbanos ou em outros lugares.

Apresente sua pesquisa aos seus colegas e escreva aqui uma conclusão sobre o trabalho.

4ª REFLEXÃO

A PAZ DE JESUS E A FÉ DOS DISCÍPULOS NA TEMPESTADE ACALMADA

REMBRANDT. **A tempestade no mar da Galileia**. 1633. Óleo sobre tela, 160 x 128 cm. Isabella Stewart Gardner Museum, Boston.

Jesus subiu em uma barca com seus discípulos. De repente, desencadeou-se sobre o mar uma tempestade tão grande, que as ondas cobriam a barca!

Jesus estava dormindo naquele momento. Os discípulos foram até Ele e o acordaram, dizendo:

— Senhor, salva-nos, vamos naufragar!

E Jesus perguntou:

— Por que este medo, homens de pouca fé?

Então Ele se levantou, deu uma ordem aos ventos e ao mar e começou uma grande calmaria.

Admirados, os discípulos diziam:

— Quem é este homem a quem até o vento e o mar obedecem?

Os discípulos eram pescadores, na sua maioria, e acostumados ao mar. Mesmo assim eles tiveram muito medo naquele momento, mesmo estando na presença de Jesus.

O fato de Jesus estar dormindo não queria dizer que não estivesse com eles.

Às vezes, isto pode acontecer conosco.

Diante das dificuldades da vida, achamos que Deus não está conosco. Isto não é verdade.

Ele está sempre ao nosso lado, pronto para nos ouvir. Nós é que às vezes não O vemos por causa da nossa pouca fé.

Acalmando a tempestade, Jesus mostrou sua preocupação com seus amigos, mostrou o seu poder de dominar até os fenômenos da natureza, salvou a vida dos apóstolos e deu uma grande lição de fé.

Procure no diagrama seis palavras que manifestam características de Jesus nesta passagem bíblica.

Copie abaixo.

A	B	C	A	D	E	F	G	P	H	I	J	L
X	V	U	T	T	S	R	Q	O	P	O	N	M
G	E	N	E	R	O	S	I	D	A	D	E	I
Z	A	B	N	C	R	D	E	E	M	F	G	H
J	L	M	C	N	A	O	P	R	I	Q	R	S
T	U	V	Ã	X	Ç	Z	A	B	Z	C	D	E
F	G	H	O	I	Ã	J	L	M	A	N	O	P
T	S	R	P	R	O	N	T	I	D	Ã	O	Q
U	V	X	Z	E	A	B	C	D	E	F	G	H
I	J	L	M	N	O	P	Q	R	S	T	U	V

_____
_____
_____
_____
_____
_____

111

Faça um bonito barco com dobradura, cole no espaço abaixo e complete a cena da Tempestade Acalmada.

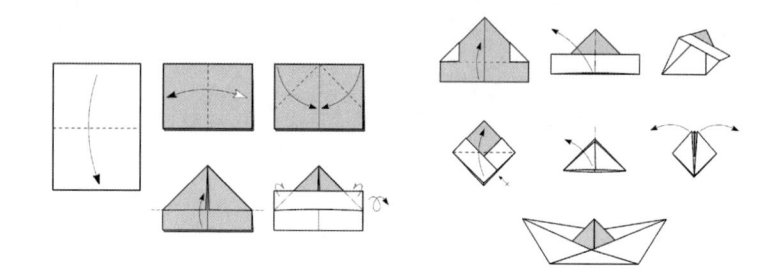

MATERIAL: Papel colorido 22 cm x 16 cm

Utilize os códigos e decifre a mensagem.

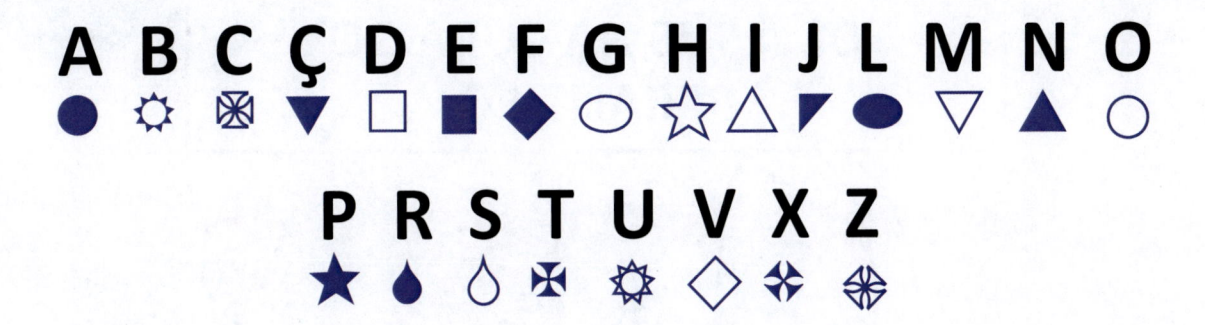

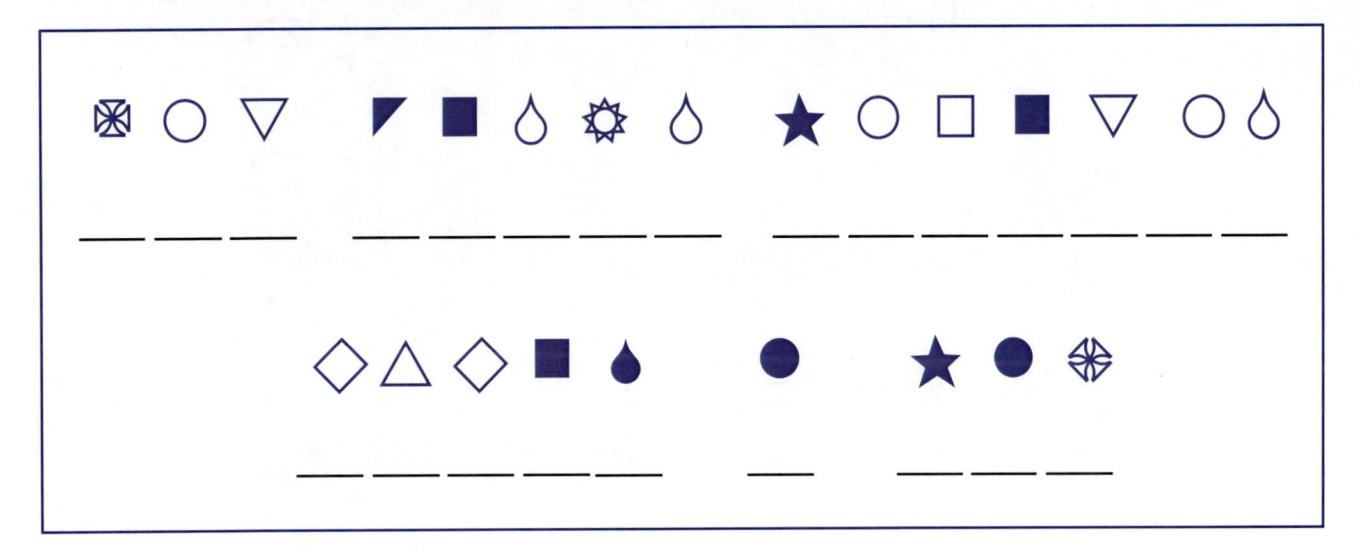

A	B	C	Ç	D	E	F	G	H	I	J	L	M	N	O
●	☼	✠	▼	☐	■	♦	○	☆	△	▰	●	▽	▲	○

P	R	S	T	U	V	X	Z
★	💧	💧	✠	☼	◇	✦	✦

___ ___ ___   ___ ___ ___ ___ ___   ___ ___ ___ ___ ___ ___ ___

___ ___ ___ ___ ___   ___   ___ ___ ___

Todos nós temos dificuldades na nossa vida e sempre precisamos da ajuda de Jesus para superá-las. A fé em Jesus nos dá persistência, ânimo, coragem, confiança, paz.

Escreva aqui uma experiência pessoal ou de alguém de sua família na qual foi feito um pedido a Jesus e foi atendido.

5ª REFLEXÃO

O PODER E A CORAGEM DE JESUS NA CURA DO PARALÍTICO

Jesus estava ensinando o povo na casa de Simão. A casa estava muito cheia.

Quatro homens, não conseguindo entrar pela porta, subiram no telhado para chegar até Jesus, levando um paralítico para ser curado por Ele.

Jesus, vendo a fé daqueles homens, disse ao paralítico:

— Filho, teus pecados te são perdoados.

Algumas pessoas que não gostavam de Jesus e que estavam ali apenas para criticá-lo, comentavam entre si:

— Quem é esse homem que pensa que pode perdoar os pecados? Só Deus pode perdoar pecados!

Jesus, percebendo a maldade do coração deles, disse:

— Para que vocês conheçam o poder que me foi dado por Deus, eu digo:

— Levanta-te e anda.

Vendo o paralítico andar, todos exclamaram:

— Nunca vimos coisa igual!

Desenhe a cena da cura do paralítico, da forma como você a entendeu.

O que você achou da atitude dos homens que levaram o paralítico?

O que você achou da atitude das pessoas que criticaram Jesus?

Os amigos do paralítico deram uma grande demonstração de fé em Jesus.

Não desanimaram por não conseguirem entrar pela porta. Procuraram outra forma de chegar até Jesus.

Jesus está sempre pronto a nos ajudar, mas é preciso que façamos a nossa parte e tenhamos muita fé.

Pinte a cena que você julgar correta e explique sua escolha.

Vou correr muito para chegar mais cedo e pedir a Deus que me ajude a fazer uma boa viagem.

Meu Deus, ajude-me a fazer uma boa viagem. Vou fazer a minha parte, sendo cuidadoso no trânsito.

Explique por que escolheu a cena.

Ajude o paralítico a chegar até Jesus, percorrendo o caminho e pintando as placas que indicam o que é preciso fazer para ser atendido por Jesus.

No milagre da cura do paralítico, Jesus mostrou todo seu poder e sua coragem, agindo sem se preocupar com a crítica das pessoas.

Na nossa vida, muitas pessoas têm "poder" sobre as outras. Como você acha que este poder deveria ser exercido?

Você conhece alguém que exerce mal o seu poder? Explique. Se você tivesse algum poder sobre os outros, de que forma você o usaria?

Represente aqui o que você aprendeu com esta reflexão.

Sugestão de leitura

VER COM O CORAÇÃO

Therezinha M. L da Cruz
Editora FTD

MEMÓRIAS QUE ME FAZEM CRESCER

TEMPO DE FRATERNIDADE

A Campanha da Fraternidade começa e termina com a Quaresma. É uma iniciativa da Igreja Católica, mas conta com a participação de outras igrejas cristãs.

Como o próprio nome diz, trata-se de uma campanha (união de esforços) com o objetivo de despertar os cristãos para a solidariedade humana, para uma vida mais fraterna.

A Campanha da Fraternidade nos ajuda na preparação para a Páscoa.

A cada ano a Campanha renova o tema, tentando reunir todos os cristãos para discutir, comunitariamente, um problema social.

Não basta dizermos que somos fraternos, que vivemos como irmãos. A fraternidade se reconhece pelos gestos concretos.

Utilize o espaço ao lado e cole ou faça um desenho representando o cartaz da Campanha da Fraternidade deste ano.

Qual é o tema da Campanha da Fraternidade deste ano? O que ele quer nos propor?

_____
_____
_____
_____

Que outro tema você acha que nossa sociedade precisa discutir? Escreva e faça um desenho que o represente.

O que você e sua turma podem fazer nesta Campanha da Fraternidade para deixar a vida de muitas pessoas melhor?

_____
_____
_____
_____

Como está a fraternidade na sua turma? Existe alguma coisa no relacionamento da turma que precisa ser melhorado? Quais são elas?

Desenhe você com sua família praticando um gesto de fraternidade.

Na realidade, a Campanha da Fraternidade quer despertar nossa atenção para vivermos de modo especial o amor pelos irmãos, ajudando aos mais necessitados.

Vivemos em um mundo onde poucos vivem a solidariedade. O que você acha que é possível fazer para melhorar essa realidade?

SENHOR, FAÇA-NOS SOLIDÁRIOS E ATENTOS AOS TEUS APELOS, PARA QUE POSSAMOS RETRIBUIR TEUS GESTOS DE AMOR.

2ª MEMÓRIA

TEMPO DE REFLEXÃO

Quaresma é o nome dado ao período de preparação para a Páscoa. São quarenta dias de preparação para essa festa tão bonita e significativa que é a Ressurreição de Jesus.

Neste período nós devemos nos preparar:

– rezando mais;

– refletindo sobre nossos atos;

– melhorando nossas atitudes;

– oferecendo pequenos sacrifícios a Deus.

Quaresma é tempo de fraternidade, de mudança para melhor, de ser mais fraterno.

É o tempo de partilhar. Tempo de viver pequenos e grandes gestos de Amor Fraterno.

Amigo, sabe por que o tempo da Quaresma é importante?

Sei, sim! É porque devemos aproveitar este tempo para nos prepararmos para a Páscoa. Como posso fazer isso?

— Durante a Quaresma devemos olhar mais para dentro de nós mesmos. Ver em que precisamos melhorar: na família, na escola, no trabalho, no relacionamento com as pessoas... É um período de oração e conversão.

— Conversão? Essa palavra eu nunca ouvi! O que significa?

— Conversão quer dizer mudança de vida, transformação. Deus quer que cada dia tenhamos uma vida melhor, mais cheia de Amor.

Em dupla, vamos traçar pequenas metas possíveis de realizar neste período de Quaresma, na família e na escola. Cada dupla pode apresentar sua proposta aos colegas.

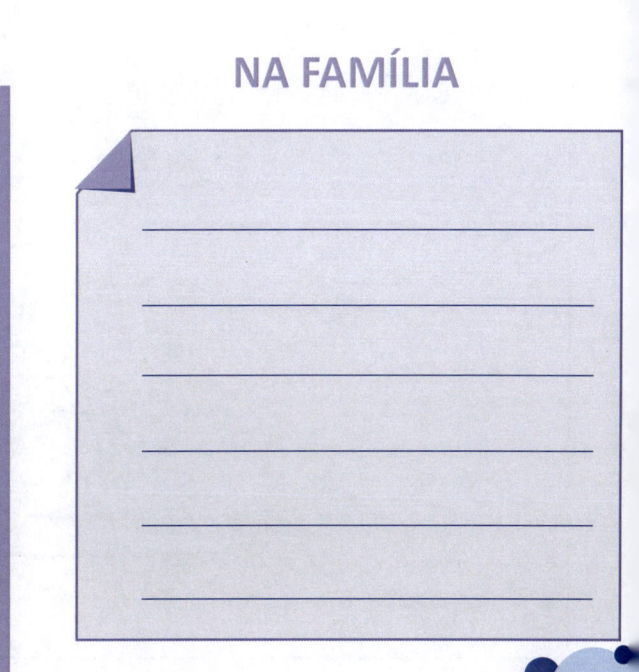

NA ESCOLA

NA FAMÍLIA

Analisando seus gestos e atitudes.

O que você precisa mudar para viver melhor o sentido da Quaresma?

_____
_____
_____
_____

Vamos ordenar as palavras para descobrir a frase.

| VIVER | TEMPO | DE | AMOR |

| QUARESMA | GESTOS | DE |

_____
_____

Vamos criar um diálogo para as crianças?

TEMPO DE SER MELHOR

3ª MEMÓRIA

A Semana Santa ajuda-nos a refletir sobre os últimos dias de Jesus na Terra.

Jesus veio ao mundo para nos salvar e nos ensinar como devemos viver para sermos felizes.

Nos vários acontecimentos da Semana Santa, Jesus quer nos ensinar a:

- SERVIR
- PARTILHAR
- DOAR
- VIVER

Na Quinta-feira Santa, Jesus reuniu os doze apóstolos. Conversou muito com eles e realizou um gesto muito bonito e significativo para todos. Leia em Jo. 13, 4-5 e copie.

Vocês me chamam de Mestre e Senhor. Se eu que sou vosso Mestre e Senhor lavei os pés de vocês, vocês também devem lavar os pés uns dos outros. Eu dei o exemplo para que vocês façam como eu fiz. (Jo 13, 12-15)

Na sua opinião, o que Jesus quis dizer com a citação acima?

_____
_____
_____
_____

Nesta mesma noite, Jesus jantou com seus apóstolos e se despediu deles. Durante a ceia, Jesus dividiu o pão e o vinho entre eles e disse: Fazei isto em minha memória. (Lc. 22, 19)

EL GRECO. **A última ceia**. 1568. Óleo sobre tela, 43 cm x 52 cm. Pinacoteca Nazionale, Boloha (Itália).

Com este gesto, Jesus quis nos ensinar como é importante partilhar, dividir o que temos e o que somos. Podemos partilhar os bens materiais, mas é importante também partilhar nossos dons, nossas capacidades.

Na Sexta-feira Santa, Jesus foi preso, julgado, condenado à morte e pregado numa cruz.

Ele não tinha culpa, foi indagado e nada falou, sofreu calado, aceitou passar pelo sofrimento da cruz, porque sabia que morrendo na cruz daria vida nova a toda humanidade. Assim Ele cumpriu sua missão pela qual veio ao mundo.

Nesta atitude de Jesus está estampada a sua Doação pela humanidade como prova do seu Amor maior, que é doar sua própria vida.

Com isto Ele quer nos deixar esta lição, este exemplo, para que nós também saibamos nos doar, na família, na escola, na comunidade, e assim ajudarmos na transformação da sociedade.

No sábado temos a grande alegria da Ressurreição. Jesus não está morto, mas vive no meio de nós. É a celebração da vida. Jesus quer que vivamos no Amor e na graça de Deus.

Grandes momentos aconteceram na vida de Jesus na Semana Santa. Após pensar sobre eles, que mensagem você tira para sua vida?

Você conhece algum fato em que alguém, assim como Jesus, morreu por estar lutando por melhores condições de vida aos menos favorecidos? Pesquise, escreva e cole aqui.

4ª MEMÓRIA

TEMPO DE VIDA NOVA

GAROFALO, Benvenuto Tisi da. **Ascensão de Cristo**. 1510-1520. Óleo sobre painel, 314 cm x 204,5 cm. Galleria Nazionale d'Arte Antica, Roma (Itália).

Aleluia! Cristo ressuscitou! Vida Nova quer nos dar!

Jesus é vencedor da morte, do egoísmo, do ódio. Nele só existe Vida e Amor.

Páscoa significa passagem, mudança para uma vida melhor. Só realizamos nossa Páscoa quando mudamos nossas atitudes, nossos gestos para o melhor.

Na Páscoa nós celebramos:

– Nova Esperança

– Nova Felicidade

– Nova Vida

A Ressurreição de Jesus é o acontecimento mais importante na fé cristã, porque reanima o ser humano a viver uma Vida Nova, deixando para trás o que o impede de ser feliz.

PÁSCOA É VIDA!

JESUS, AJUDA-NOS A VIVER A CADA DIA TUA RESSURREIÇÃO.

Que lição Jesus quer deixar para você, hoje, com sua Ressurreição?

Em nossa sociedade, existem líderes que são julgados injustamente por difundirem um ideal de igualdade? Por quê?

Jesus, com sua Ressurreição, nos ensinou:
- a ajudar os outros nas dificuldades.
- a dizer não ao que pode destruir a vida.
- a recomeçar depois de um fracasso.
- a perdoar se alguém nos ofende.
- a sermos justos.

Você acha que é possível viver estes ensinamentos? Como?

O que é Páscoa-Ressurreição para você? De que forma ela é celebrada em sua família?

Vamos usar a Bíblia e copiar o que ela diz sobre a Ressurreição de Jesus. (I Coríntios 15, 14)

(Lucas 24, 5-6)

Vamos fazer aqui uma mensagem de Páscoa para a nossa família.

TEMPO DE AMOR

5ª MEMÓRIA

O advento é outro momento importante celebrado na Igreja.

Advento significa: preparação, vinda, anúncio, esperança...

O período do advento procura preparar os cristãos para uma das festas mais importantes da humanidade. Este período de preparação é de quatro semanas.

A Igreja Católica usa como símbolos da espera, da preparação para o Natal, a guirlanda, em que o verde simboliza **Esperança** e **Vida**, as fitas vermelhas simbolizando o **Amor** de **Deus**, e as quatro velas, uma para cada domingo do advento, que é **símbolo da nossa Fé**.

Neste período a Igreja prepara suas reflexões, relembrando:

- a anunciação;
- as profecias da vinda do Messias;
- as manifestações de Deus.

No advento não devemos nos preocupar em "arrumar" somente nossa casa exterior com luzes, pinheirinhos, enfeites, etc. Devemos arrumar nossa casa interior, nosso coração, perdoando alguém que nos ofendeu, transmitindo alegria em casa, na escola, com nossos amigos, para que todos possam viver o Espírito de Natal, que é Paz.

ADVENTO, TEMPO DE ESPERA

Devemos preparar o coração para o Natal com gestos de:

```
            C _ _ _ _ _ _
        A _ O
          O R _ _ _
          P A
E _ _ _ _ _ Ç
          A _ _ _ _ _
    P _ _ _ _ O
```

ORAÇÃO   ESPERANÇA   PERDÃO
AMOR   CARIDADE   PAZ
            ALEGRIA   SOLIDARIEDADE

O que significam as cores da guirlanda do Advento? E as velas?

Para Jesus morar em nosso coração, devemos:

CULTIVAR	ELIMINAR
• _____	• _____
• _____	• _____
• _____	• _____
• _____	• _____
• _____	• _____

AMOR JUSTIÇA RAIVA
VAIDADE
EGOÍSMO
ORGULHO HUMILDADE
CARIDADE
ÓDIO
PACIÊNCIA

É NATAL!

Festa da alegria!

O anjo anuncia aos pastores o nascimento de Jesus. É tempo de festa e de esperança. Jesus é o grande presente que recebemos de Deus Pai.

No Natal temos um tempo especial para viver a união, a partilha, a paz e a fraternidade; renascer para uma vida melhor, onde existe mais amor e esperança.

PRESÉPIO

Cena do nascimento de Jesus: que nasce pobre, na simplicidade, para ensinar os homens a perdoar e a amar.

José: esposo, companheiro, pai, protetor.

Maria: esposa, mãe fiel, soube dizer sim ao plano de Deus.

Estrela: luz, guia, esperança.

Anjo: comunicador da boa-nova, do anúncio do Salvador.

Pastores e sábios: simples e humildes, todos em busca da esperança da salvação.

AMIGO

Este livro é seu!

Nele, você encontrará histórias de plantas, animais e de crianças como você.

Vai conhecer as coisas de Deus.

Saberá como Jesus viveu e como Ele ama você.

Descobrirá, nas reflexões deste livro, um jeito novo de viver, amando e fazendo da vida um agradecimento.

Todos somos filhos de Deus, sem diferenças de raça, credo, cor ou nacionalidade.

Faça como Jesus e ame seu próximo sem discriminação.

Guarde tudo isto no seu coração!

Um abraço carinhoso

As autoras

SUMÁRIO

JESUS, O ENVIADO DE DEUS **5**
 1.ª Reflexão – Aprendendo a ler a Bíblia 6
 2.ª Reflexão – A promessa do Salvador 13
 3.ª Reflexão – Anunciação e nascimento de Jesus 17
 4.ª Reflexão – A infância de Jesus 22
 5.ª Reflexão – A Família de Nazaré 29

JESUS NO MEIO DO POVO **38**
 1.ª Reflexão – João Batista, um enviado especial 39
 2.ª Reflexão – O jeito de Jesus ensinar 45
 3.ª Reflexão – O jeito de Jesus acolher 51
 4.ª Reflexão – O jeito de Jesus perdoar 57
 5.ª Reflexão – O jeito de Jesus agradecer 63

JESUS ANUNCIA O REINO DE DEUS **71**
 1.ª Reflexão – Semeando em terra boa 72
 2.ª Reflexão – Plantando a boa semente 78
 3.ª Reflexão – Descobrindo tesouros 82
 4.ª Reflexão – Crescendo na descoberta de Deus 86
 5.ª Reflexão – Iluminando o mundo com a luz de Deus 90

JESUS CONFIRMA SEU AMOR ATRAVÉS DOS MILAGRES **95**
 1.ª Reflexão – A prontidão de Jesus nas bodas de Caná 96
 2.ª Reflexão – A solidariedade e a partilha de Jesus na multiplicação dos pães .. 101
 3.ª Reflexão – A visão de Jesus na cura dos dois cegos 106
 4.ª Reflexão – A paz de Jesus e a fé dos discípulos na Tempestade Acalmada 110
 5.ª Reflexão – O poder e a coragem de Jesus na cura do paralítico 114

MEMÓRIAS QUE ME FAZEM CRESCER **119**
 1.ª Memória – Tempo de fraternidade 120
 2.ª Memória – Tempo de reflexão 124
 3.ª Memória – Tempo de ser melhor 127
 4.ª Memória – Tempo de vida nova 131
 5.ª Memória – Tempo de amor 135

REFERÊNCIAS **143**

JESUS, O ENVIADO DE DEUS

1ª REFLEXÃO

APRENDENDO A LER A BÍBLIA

A Bíblia é um livro especial para os cristãos, pois traz grandes ensinamentos.

Ela foi escrita em épocas diferentes e por autores diferentes.

Apresenta vários tipos de textos como: poesias, histórias, parábolas, orações, etc.

Os livros mais antigos falam da criação do mundo, das promessas que Deus fez a um homem chamado Abraão e de como Deus cuidou dos descendentes de Abraão.

Esses livros antigos sempre foram considerados especiais pelo povo de Israel. São os livros do ANTIGO TESTAMENTO (A.T.).

PINHEIRINHO

É considerado a árvore do Menino Jesus. Símbolo da imortalidade, os pinheiros se mantêm sempre verdes, no frio ou no calor.

Assim Jesus supera todos os obstáculos para cumprir o plano de Deus.

A figura maior do Natal é, sem dúvida, JESUS. Ele é o "dono da festa". Ele é a expressão máxima do amor de Deus. Sem Jesus não existe festa do NATAL.

VINGANÇA

ALEGRIA

GUERRA

INJUSTIÇA

PARTILHA

Vamos escrever na árvore palavras que combinam com o Natal?

ÓDIO

ALEGRIA

SOLIDARIEDADE

AMOR

PAZ

PERDÃO

Escreva um bilhete aos seus pais, deixando a eles uma mensagem de Natal.

_____
_____
_____
_____
_____
_____
_____

Natal significa:

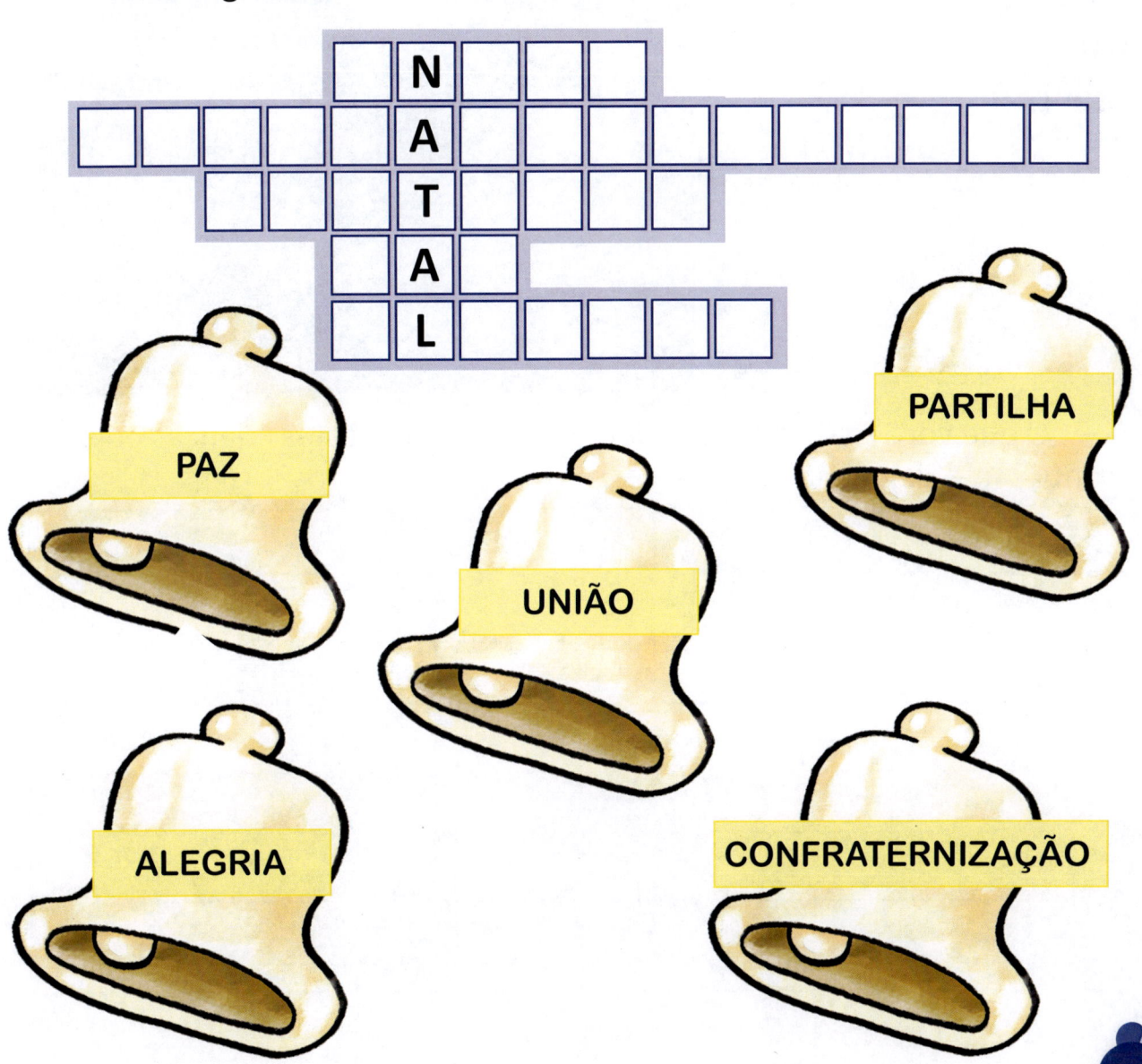

N
A
T
A
L

PAZ

UNIÃO

PARTILHA

ALEGRIA

CONFRATERNIZAÇÃO

Jesus nasceu pobre e humilde.

Hoje nascem muitas crianças como Ele, ou até mesmo em piores condições.

O que você e sua turma podem fazer para que estas crianças possam sentir mais alegria neste natal?

REFERÊNCIAS

ABC da Bíblia. **A Linguagem Bíblica**. Centro Bíblico de Belo Horizonte. 43 ed. Paulus: Belo Horizonte, 2010.

ARTE DE VIVER. **A Alegria de ser uma pessoa com dignidade**. v.1. Betuel Cano. Paulinas: São Paulo, 2008.

BATCHELOR, Mary; HAYSOM, John. **Bíblia em 365 histórias**. 2.ed. Paulinas: São Paulo, 2011.

BÍBLIA SAGRADA. Tradução da CNBB.

CARMO, Solange Maria do; SILVA. Pe. Orione. **Somos Povo de Deus**. Paulus: São Paulo, 2008.

CNBB. Projeto Nacional de Evangelização. **Iniciação à leitura bíblica**. 1. ed. Brasília, 2009.

CRUZ, Terezinha Motta Lima da. **Ecumenismo**: conteúdo ou catequese? 3.ed. Paulus: São Paulo, 2006.

EQUIPE NACIONAL DA DIMENSÃO BÍBLICO CATEQUÉTICA. **Como nossa Igreja lê a Bíblia**. Catequético. 7. ed. Paulinas: São Paulo, 2010.

FARIA, Dom Paulo Lopes de. **Catecismo da Bíblia**. 27.ed. Paulus: São Paulo, 2008.

GRUEN, Wolfgang. **Pequeno Vocabulário da Bíblia**. 15. ed. Paulus: São Paulo, 2008.

MESTERS, Carlos. **Os Dez Mandamentos, ferramenta da comunidade**. 13. ed. Paulus: São Paulo, 2008.

MACCARI, Natália. **Os símbolos da Páscoa**. 9. ed. Paulinas: São Paulo, 2010.

_____. **Vivendo e convivendo**. 15. ed. Paulinas: São Paulo, 2009.

NASSER, Maria Celina Cabrera. **O uso de símbolos**. Paulinas: São Paulo, 2006

O FENÔMENO RELIGIOSO. **Cadernos Catequéticos Diocesano nº 7**. Diocese de Osasco. 4. Ed. Paulus: São Paulo, 2011.

OLIVEIRA, Ivani; MEIRELES, Mário. **Dinâmica para vivência e partilha**. 3.ed. Paulinas: São Paulo, 2010.

PASSOS, João Décio. **Ensino Religioso**: Construção de uma Proposta. 1. ed. Paulinas: São Paulo, 2010.

SITES

http://www.amop.org.br
http://ensinoreligioso.seed.pr.gov.br
http://bloguinhodoceu.blogspot.com
http://www.cantodapaz.com.br
http://www.cancaonova.com.br
http://www.portalcatolico.org.br
http://www.conic.org.br